憲法及び皇室典範論

日本の危機は「憲法学」が作った
二人の公民教科書代表執筆者が熱く語る

杉原誠四郎 VS 小山常実

はじめに

昨年七月の参院選挙で、いわゆる改憲政党が衆参両院の三分の二を占めることになった。そして、本年五月三日、安倍首相は、第九条第一項第二項をそのまま維持する「日本国憲法」改正構想を発表した。また、昨年八月八日の「天皇のお言葉」以来、天皇の譲位問題が議論され、本年六月に一代限りの譲位を実現する「天皇の退位等に関する皇室典範特例法」が成立した。

このように「日本国憲法」と「新皇室典範」に焦点が当たる中で、出版は自由社に引き受けてもらうこととし、杉原誠四郎氏の提案により、氏と私は昨年十二月以来何回か対談する機会を持った。杉原氏は政教分離問題を切り口として憲法問題や皇室典範問題について広く考察されてきた。私も、占領下に作られた「日本国憲法」が無効なのか有効なのかという問題を切り口にして、二つの問題についてそれなりに広く考察してきた。

憲法と皇室典範に関心を抱いてきた二人であるが、杉原氏は平成二十二年度検定申請の『新しい公民教科書』の代表執筆者を務め、私は来たる平成三十一年度検定に申請予定の『新しい公民教科書』第四版の代表執筆者を務める予定である。

平成二十二年度検定では私も教科書の執筆者を務めたが、杉原氏と私は、検定過程では教科書調査官と多くの点で激しく論争しともに闘った経験を持つ。検定過程で特に印象の残っているのは、天皇を君主と表現することが前近代の天皇についても認められず、「日本国憲法」下の政治体制を立憲君主制と表現することも許されなかったことである。政治学的に言っても公権解釈から言っても立憲君主制という位置づけは十分可能であるのに、この表現が絶対にダメだと調査官に言われた時には本当に唖然とするしかなかった。

公民教科書検定過程を経験して、我々二人は、「日本国憲法」や天皇及び皇室に対する国家や憲法学者の考え方の歪みを改めて知ることとなった。このような経験を持つ二人が、「日本国憲法」と「新皇室典範」について縦横無尽に語り合った記録が、本書である。

対談は、「日本国憲法」無効論者である私が公民教科書を作れるのかという刺激的なテーマから始められた。このテーマは、必然的に、「日本国憲法」成立過程、無効論と有効論の歴史についての議論に発展した。そこから、憲法学における「日本国憲法」解釈のおかしさを確認し、帝国憲法と「日本国憲法」を比較し、平成二十二年度検定において特に記憶に残っていることについて議論しあった。そして、最後に、安倍改憲構想と皇室典範問題に対してどのように対処すべきか、自由闊達に議論し、互いの考えを深め合った。

対談を通じて感じたのは、杉原氏の一徹性、過激さである。一般には「日本国憲法」無効論者である私の方が過激だと思われているかもしれないが、むしろ杉原氏の過激さ、一徹性が印象に残る対談となった。

平成二十九年八月

小山常実

目次

第一章

「日本国憲法」無効論に立って公民教科書は作れるか

「日本国憲法」は日本に自由意志のない時に作られた

杉原　本日は「新しい歴史教科書をつくる会」が主導して作成する中学校公民教科書『新しい公民教科書』につき、現在使用中の版の代表執筆者の私、杉原誠四郎と、次期代表執筆者として決まっている小山常実先生とで、公民教科書代表執筆者を務めている立場から、憲法改正、そして目下国民の関心の焦点となっている皇室典範の問題について、熱く語り合いたいと思います。

それでは私の方から口火を切りましょう。最初に、現行憲法について、公民教科書を作るときにはどうしても有効論と無効論が大変問題になるんですけれども、とにかくまず小山先生の無効論を、かいつまんで言ってください。

小山　最初に言っておきたいんですが、私は、普通よく現行憲法と言われるものを、あくまで「日本国憲法」と括弧付きで表記します。憲法とは認めていないからです。

それで、なぜ無効論を採るかというと、理屈もへったくれもないんですね。話は単純です。国家のことを考えても、あるいは会社のことを考えても、どこだって一つのまとまりをもった組織において、ある程度、法律などの制約はあるかもしれないけど、何か作るとすれば、その組織の人間が作るわけですね。外からいくら正しいことを押しつけられたとしても、それはやっぱり呑みたくないという心情は、当然起こるわけです。

だけど個人にしても、家にしても、会社にしても、国家が法律を決めて「これは最低守れ」と言われたら、それは従わざるをえないという面はある。だけど、国家はいちおう、いちばん上にあるもので、あくまで国民の意思でもってすべて決めていくべきものです。国際的な秩序にしても、あくまで条約という形をとってお互いに議論しあって、ちゃんと法を定立させるんですね。法を法として成り立たしめる権限というのは、主権と言ってもいいのかもしれないけれど、それは根本的には国家にあるという形で考えられるわけですね。

そうすると、その国家の最高法たる憲法というのは、当然、独立国家の最高法規をどうするかということですから、それは当然、日本国の場合、日本の国民が、あるいは少なくとも日本政府が、どれだけ自主的な自由意志でもって作るかという、そこがポイントになるわけですね。今日では多くの日本国民に知られてきていますが、「日本国憲法」は日本政府の意志にも日本国民の意志にも基づいてできていません。

私が「無効論」にはっきり立ったのは、自分の中では平成二年（一九九〇年）です。『戦後教育と「日本国憲法」』（日本図書センター　一九九二年）という本に著したのは平成四年でした。その後、平成十四年に同旨で『「日本国憲法」無効論』（草思社　二〇〇二年）を出しています。

そこで書いていますが、私の立論というのは極めて単純で、「日本国憲法」を作るとき、自由意志が日本側にあったと言えるのかどうかということです。

その時のポイントは二つあって、日本政府と議会です。それはポツダム宣言との関係があって、「日本国憲法」を作る上において、その二つに自由意志があったのかどうかということです。まずは日本政府に自由意志はあったのかどうか。それから、議会に自由意志があったのかどうかですね。

政府に自由意志があったのかについては、すでにもう私が研究を始めた時には、学説的にもかなり否定されてきていて、共産党系の学者もすでに相当程度自由意志はなかったと否定していたんですね。「日本国憲法」の成立過程史をきちんと体系的に書いて自由意志はなかったとはっきり指摘したのは、意外に聞こえるかもしれませんが、法学者で獨協大学教授で左翼の古関彰一氏が初めてなんですよ。平成元年でした。法学者で駒澤大学教授の西修氏はその後なんです。それまでは自由意志はなかったという論は出ていないんです。

杉原　憲法改正時に日本に自由意志がなかったという論がその時までなかった？　本当ですか？

小山　いや、断片的にはあったとしても、研究者の成立過程史でそのことをきちんと書いた本がなかったわけです。バラバラには言われていたわけですよ。だけど、そもそも通史として成立過程史を書いてそのことを最初に指摘したのは、古関氏です。共産党系の人ですね。実はその次に研究者として指摘したのが私なんです。

古関氏の論も含めて政府に関しては、自由意志がないということははっきりしてきた。そして現在では、もうかなり多数派の見解にもなっているんです。

もっとも、それでも有効だというのが彼らの主張なんですね。なぜかというと、議会はちゃんと自由に審議したんだと。だから、議会に日本国国民としての意志があったとね。日本国民という時に、厳密には政府と議会と、あるいは政府と国民とでなければいけないんだけれども、その二つのうちの政府のところはずいぶん無視されたけれど、国民の代表である議会は自由に審議したとして、だから、国民の自由意志はちゃんとあったんだという解釈です。これは「八月革命説」の宮澤俊義説にも則った形で有効だとして、ちゃんと学説的には成り立っていたわけです。

だったら問題は議会で自由意志があったかどうかということになるわけですね。だからそのために、私は成立過程を精査してすべて条文に関する変化を追ったわけですよ。

杉原　憲法改正に関する関係文書を使ってね。

小山　そうです。最初の原案がどんなものだったか。それが政府案の段階でどう変わったか。

その次はさらに政府案が提出されたあと、議会でどう変わったのか。その時にどういう背景で変わったのかという話を、全部追いかけたんですね。その結果、いっさい自由意志はなかったという結論に達したわけです。だから、「いっさい」といっても何パーセントかという話はあるけど、九五パーセント、自由意志はなかった。五パーセントぐらいは、ないことはないと。しかし基本的にはいっさいなかったと。

例えば、「国民主権」という言葉は、日本側としては絶対に入れたくなかったわけですが、昭和二十一（一九四六）年六月から始まった議会審議の最中に、GHQは、七月十日、十七日、二十三日、二十六日、二十九日と五回も日本側に圧力をかけています。そして、無理やり、議員自身に前文と第一条に国民主権を明記する修正案を出させ、国民主権を「日本国憲法」に明記させたのです。

杉原　「国民主権」が入ったのは、ソ連の圧力だといいますよ。

小山　その話は後でします。それで、その続きですが、参議院議員の選び方に関しても、日本側の意見は見事に圧殺されました。これについて少し説明すると、「日本国憲法」第四三条第一項は、「両議院は、全国民を代表する選挙された議員でこれを組織する」となっていますね。衆議院議員も参議院議員も同じく全国民を代表するわけですから、同じような選び方になってしまっていますね。そのために、参議院不要論まで出てこざるをえなくなっているわけですね。もともと日本側は、政府も議会も一貫して、全国民の代表とされる衆議院と異なり、職能代表制議員でもって参議院を構成しようと考えていた。政府案作成過程でもそうですし、帝国議会でもそうでした。ところが、この職能代表制議員案は、その都度、ＧＨＱによってつぶされてしまった。

杉原　日本側としては、参議院と衆議院の役割の違いははっきりさせたかった、ということですね。

小山　そう。要するに、日本の憲法改正であるはずなのに、政府だけではなく議会の自由意志も尊重されなかったのです。これだけ手続きの実際を見ると、独立国家の憲法としては、これは無効なものであると、無効なものとして成立したというふうに解釈するしかない。そして、それが有効なものに転換したと言えるだけの根拠は、まったくない。

要するに、私の主張は、自分たちの意志で作ったものではないからこの憲法は無効だということで、それ以上の主張ではないと、私としては言ってもいいです。

憲法改正はポツダム宣言で約束ごとだった？

杉原　そういうように考えたとするとですね、公民教科書を作っている立場からすると、問題が起こるのではないか。公民教科書を作る以上、やはり憲法無効論は主張できないという立場に立たざるをえないのではないか。公民教科書をつくるというとき、教科書検定にしろ、教科書採択にしろ、こういう教科書を作ること自体が、現行憲法の下でやっているということだから、公民教科書を作るに当たっては現行憲法は無効とは言えなくなるのではないか。私個人の意見というよりも、もしかすれば私の意見は「つくる会」の会員から批判されるかもしれませんけれども、しかし公民教科書を作る立場からは、現行憲法有効論という建前も受け入れざるをえない、と言わざるをえないのではないか。

そこで私は公民教科書を作る立場ではなく、一般国民の立場に立っても、いささか有効論を出してくる、ためにする論ではあるけれども、有効論も成り立つと思う。

その論理はこうです。日本の降伏はポツダム宣言を受諾しているわけですよね。そのポツダム宣言は広い意味では条約的な性質を持つわけです。

小山　条約です。条約「的」じゃなくて、条約そのものです。

杉原　そう。条約だとすると、その中には「民主主義的傾向の復活」とか、いろいろ降伏条件が示してあるけれども、その降伏条件の中に実は憲法改正が含まれていた、と。マッカーサーが個人としてではなく、アメリカ政府自身が始めからそのように考えていた、と。

小山　占領下では憲法改正はできないという国際法があるのにですか？

杉原　だからこそ、条約として憲法を改正するとポツダム宣言で約束した、と。つまりね、私は国際法で占領期には憲法改正はできないという国際法を大前提にして考えて、しかし日本の場合はポツダム宣言で憲法改正を合意して降伏したと。ドイツの場合は政府が崩壊して占領軍がそのまま入ってきて、占領管理を始めるわけですね。条約によった占領ではないから、その瞬間に論理上、国際法にコントロールされる立場に立つわけですね。そのため、国際法が直ちに効いてきて、そこでの憲法制定ないし憲法改正はできなくなる。

小山　でも、ドイツの場合は国家がなくなっているから、国際法にコントロールされないともいえる。

杉原　いや、無条件降伏を強要して、その上でヒトラーの後の政権を相手にしないで、無条件に占領してるんだから、占領地域では憲法を押しつけちゃいけないという国際法が直ちに有効になってくる。

小山　だけど、国家がなくなってるわけですから。あくまで国際法というのは、国家があって、国家同士の関係を律するものなわけですよ。国家がないとすれば、そんな国際法を守る必要はないと考えられるわけです。

杉原　いや、国家がなくなっても守るものが、戦争にかかわる国際法でしょう。ドイツをしてヒトラーの延長にあった政府を認めず、占領に直接入っていったのは連合国は国際法に縛られると考えるべきです。私の言い分でいくと、占領した瞬間にすべてのことが占領軍に任されたことになるから、その占領軍は国際法を守って占領しなければいけない……。

日本の場合は、ポツダム宣言という条約に基づいているから、その条約の解釈の問題になるわけね。そうすると、その条約の中に占領軍が憲法改正も含まれていると解釈する……。

小山　いや、ドイツの方は、普通の状態ではありませんよ。ドイツの場合よりも日本の場合の方が、連合国側の方が国際法を守る義務があったと解するのが通常ですよ。

それはともかくとして、日本の場合に、条約に関して勝者または強者の解釈権が多少は出てきますね……。

杉原　実態はそう。その結果、事実上は強者の解釈になるけども、いちおうそれでも憲法改正をポツダム宣言の上で、合意したはずだというふうに言うことができる。

小山　でも、それは程度の問題ですよね。勝者または強者の解釈権って確かに若干あるんだけど、逆にいうと、もう一ついえるのは、ポツダム宣言にしてもポツダム宣言受諾の際のバーンズ回答にしても、あくまでも出した方は連合国側なわけですよ。受け取った側の方に有利なように解釈するという、国際法上の原則があるんですよ。はっきりしているところはその条文どおりにするんだけども、曖昧なところは受け取った側、日本側の有利なように解釈するのが、本来の国際法の解釈です。

杉原　本来はそうでしょうね。

小山　そっちの原則の方が先なんですよ。強者の権利よりは。

杉原　だけど、その時に事実上は強者の論で押し切られたという事実は認めるんですが、けれども、その時に日本が、たとえ弱者であったとしても、それでよいとして従ったとして……。

小山　抵抗しなかったというか……。

杉原　受け入れたというかね。力関係では受け入れざるをえないんだけど、形式上は合意したのだ、と。

小山　どういうんですかね。占領された経験がないわけですね、日本側は。要するに、負けた経験がなくて、どうしたらいいかわからない。それと、日本的なある種の感覚があって、負けっぷりをよくするみたいな感覚がありますよね。ある種の侍精神みたいなのがあって、それがマイナスになっている。

それはそれとしても、やはり圧倒的な脅しがあったと思うんです。ですから、自由意思がなかったと言えると思います。

杉原　だから私が言っているのは実態を言おうとしているんじゃなくて、何とか形を保って憲法改正は合法だったという論を、あえて作ろうとしているわけです。

小山　そうですよね。占領軍も内心はちょっと無理なことをしていると思いながら押しつけていたわけですからね。

杉原　私はそこでさらに手続きの問題でいうけども、結局、合法だとする理由の中には、ポツダム宣言上の合意の下に、帝国憲法の手続きをかろうじて経たというのがある。

小山　ものすごく強引に言えば、ありますね。しかし仮にその論を受け入れるとしてもね、本来、ポツダム宣言をちゃんと読む限り、最後の方に改正するべきだったんですね。新憲法を作るとしても。占領期の最後。あの条文を読む限り、日本国民の自由に表明する意志に従い、責任ある政府が樹立されたら占領軍を撤収すると言っているんだから。あんなに早く作るというのは違反なんですよ。

杉原　そうすれば、もう少し違った憲法ができていた。確かにそういえる。ただ、これもつまり占領軍、マッカーサーはソ連の発言権が大きくなる前に天皇制の維持を明確にしようとした……。つまり、天皇制を守ろうとした。

小山　私は、「天皇制を守ろうとした」とは思わないんですよ。これは、神話ですよ。ハワード・ショーンバーガー『占領1945〜1952』（時事通信社　一九九四年）などを読むと、マッカーサーは米国大統領になりたくて、「日本国憲法」を早く作って米国に凱旋帰国したかったに過ぎないと言っていますね。日本に対する善意じゃないんですよ。

それはともかく、マッカーサーの善意が本当だとしても、だからといって、日本側に原案を作って押しつけることはできない。占領軍もそのように思っていたでしょう。だからこそ、その後の検閲でも、占領軍が「日本国憲法」の原案を作って押しつけた事実については報道させないように厳しく取り締まった。憲法改正がポツダム宣言の約束事項であると見ているのであれば、堂々とやればよい。堂々とやらなかったのは、やはり、憲法は押しつけるべきものではない、という認識があったからでしょう。

杉原　だけど占領当初、占領軍から見れば、日本が平和的方向を目指していることを連合国にアピールさせなければならなかった。そのことによって、天皇の存続も確かなものにしなければならなかった。

そのことからすれば、この憲法は押しつけであっても一定の役割を果たした。果たさせなければならなかった。ということは、この憲法は臨時憲法だったんだ。だから、占領終結後に、日本国民の自由意志によってもう一度作り直すことを前提としたのだった、と言えなくはない。それをしなかった日本側の方が悪い。

小山　いちおう、そのとおりです。でも、一方で東京裁判という、これも国際法違反のことをやって日本側を脅迫していたわけだから、簡単に「日本側の方が悪い」と言ってほしくないですね。

「日本国憲法」無効論の立場で公民教科書代表執筆者は務められるか

杉原　現行憲法無効説の展開の歴史については後で深めるとして、ここでは、公民教科書の代表執筆者となれば、仮の形でも有効論に立たなければならないという問題を先に話し合いましょう。公民教科書次期代表執筆者としてその点をどう考えますか。

公民教科書を制作して、それを検定に出して合格して、採択してもらって、中学生に実際に使ってもらおうとしている、我々、公民教科書代表執筆者として、その前提には、学習指導要領が有効であり、学校教育法が有効であり、教育基本法が有効であり、そしてそれらがすべて日本国憲法の下に有効になっていることから考えれば、日本国憲法の有効性は否定できませんよね。そのところをどう説明されるんですか？

小山　でもね、公民教育は何のためにある教育ですか。そのことを考えてください。公民教育とは、日本という国家を形成している日本国民を国民たらしめるための教育ですよ。それが、日本国民の自由意志のなかった時に作られた憲法を、そのまま憲法として有効のような前提を置いてよいのでしょうか。それで、日本国民のための真の公民教育をしていると言ってよいのですか。

公民教育であるからこそ、この「日本国憲法」は、日本国民の自由意志のなかった時に作られたことを確認しなければならないのではないですか。

杉原　確かに、言えば、そのとおりですね。

小山　それに、私はすぐに有効論か無効論かではなくて、公民教科書代表執筆者になる立場から言えば、あくまで無効論と有効論の狭間を追求するわけです。何やかやと言ったって、スパッと分かれるわけではなくて、狭間というか、境界領域があるんですね。境界領域のところで、結局、いちおう有効論の範囲にも入るし、無効論の範囲にも入るというグレーゾーンたる境界はあるわけですね。その境界の解釈を追究することです。

杉原　具体的にいうと、有効論のところにはどうやって入っていくんですか。

小山　別に私の方から入るわけではありません（笑）。公民教科書を作る立場であっても、積極的に自分の方から有効論に入る必要はないじゃないですか。

杉原　いや、こういう言い方で質問したんです。「無効論をおっしゃるんだったら、公民教科書を作るのはおかしいじゃないですか」と。

小山　そんなこと言ったら、私は「つくる会」の公民教科書の代表執筆者を辞めますよ。私、本来は代表執筆者の立場を辞めたいんだから。だからそれ、ずっと言ってるでしょう。時間的にも余裕がないし。いろいろな状況の下で……。

杉原　「つくる会」としては公民教科書を作っていただくほかはない。

小山　まぁ、私が受けるしかない状況というのも分かりますから、仕方なしに受けることにしたわけですよ。

杉原　そういう「つくる会」内において議論する問題ではなくて、公民教科書を作る立場と、無効論をどう結びつけるのかの問題を言っているのです。

小山　杉原先生は、私の無効論を勘違いしてるんではないですか？　私は現行憲法破棄論ではありませんよ。

杉原　というと？　無効論と破棄論はどう違うんですか？

小山　そもそも無効なものを破棄することはできませんね。有効と認めるから破棄するわけです。つまり、論理的には、破棄論の前提は有効論なんです。また、破棄論を採ると、こんな憲法は、別に何も尊重する必要ないという話になっちゃうんです。私は破棄論を言ってるわけじゃないんですよ。あらゆる観点から完全に法として無効であると言っているのではなくて、日本の憲法としては無効だと言っているんです。まず、成立時点で無効だということは、あまりにも明白だと言っているんです。そしてその次の段階として、どうしても有効だというならば、どこかの時点で有効になったと言えるか、という議論になるわけです。

杉原　なるほど、その場合、一回は無効論を認めた上でやってるから、多少は許せるというわけですね。

小山　許せるというか、最初に無効だと捉えた時に、それが有効に転換したといえる理屈が成り立つか立たないかと考えてみなければならない。そのことが明確にされていないから、今なお「日本国憲法」は無効のまま推移しているというふうに私は言うわけです。

杉原　いや、制定時点では無効だったかもしれないけれど、無効なままに七十年間活用していると、そのこと自体で、法学理論的に「無効」が無効になったと、つまり、無効な違法行為でもそれが長く放置されて活用されておれば、時効として合法になるという無効時効論ね。

小山　ちょっと待って。そういういいかげんな話ではない。杉原先生の言い方はいいかげんに過ぎる。何と言っても無効なものを無効だということの確認が必要なんです。そう確認したうえで、この七十年続いていたことを、どうとらえるかという次の問題を考えるというわけですよ。

杉原　無効なことを認めるんじゃなく、無効だったことを認めるんだということね。

小山　いえ、そうではなくあくまでも、無効であること、無効であり続けたことを確認するわけです。だけれども、その無効の確認の効力を遡らせるかどうか、それは別なんです。現時点からずっと無効を遡らせるとは、私は主張していないわけですよ。この点は、体系的に無効論を展開している研究者は全て同じなのですよ。要するに、私も含めて無効論者は、今までの行為をすべて無に帰すつもりはなくて、これ以降、憲法として無効なものであったとして処理していくと。それがもし法理論的に成り立たないというのであるとすれば、単純に無効であったことを確認する時に、無効ということを過去には遡らせないということを国会で決議すればいいわけですね。そういう確認をしておけばいいということなんです。私の著書（『憲法無効論とは何か』展転社　二〇〇六年）で、そのことをはっきりと述べています。

杉原　それは現実的な解決方法ですね。

小山　いや「現実的ですね」という程度で、すましてはならない。単に現実的ということだったら、杉原先生が言う無効の時効ということでもよい。しかしそうしたら、日本国民は法的に倫理的にいいかげんだということになる。主権国家の国民として、それを気にしないようないかげんな国民になってはならない。公民教育の立場からは譲ってはならない。国民としては最高の規約になる憲法に対して、そうしたいいかげんな対応をしてはいけない。あくまでも、この憲法は日本国民の自由意志に基かない、無効なものであると自由意志の下に、明確に一度確認するということが絶対に必要なんです。

あくまでも、国民の意志として、この憲法は国民に自由意志のなかった時に外から押しつけられた無効のものであることを一度はっきりと認め、その上でその無効なもので過ごしてきたことの事実に対して、現在の日本国民の意志としてその活用の事実を無効としないと決定すればよいわけですよ。そうすれば、日本国民は自由意志を貫徹したことになるわけですよ。

杉原　なるほど。そうすれば、現行憲法が直ちに無効だと言っているわけではない。

小山　いや、憲法としてはやはり無効なんです。だから、もう一度言いますが、私は「日本国憲法」と括弧つきで表現しているわけです。ただね、憲法であるとは認めないけれど、例えばかつての西ドイツの「基本法」のように、過渡的な法として働いているという現実は認めるんですね。そうすると、それを解釈するという話がやはり出てくるわけです。

そこの解釈の時に、無効論に立つか有効論に立つかは、一応関係なくなるんですね。いずれの立場に立っても、同じ解釈になるということもたくさんあるわけです。

ただし、無効論に立つ私としては、無効論の精神から条文を解釈していくことが必要となってきます。「日本国憲法」無効論には、成立過程の出鱈目さ以外にもう一つ。無効論の根拠としてもう一つ何があるかというと、そもそも第九条は自然法に反しているという立場も自然に出てくるんです。通常の自衛戦力さえ否定されていると捉えれば、自然法に反しているわけです。

それから国体に反しているとの観点からも無効は言えます。要するに、統治権の総覧というのが国体というふうにとらえれば、あるいはそういうふうに言わなくても、第一条から第三条は国体で変更してはいけないんだというふうにとらえれば、国体変更を認める解釈は間違いであるとも。これは成立過程と関係なしに言えるわけです。そうやって無効という考えから第一条を解釈する時に、元首論はどうしても出てくるわけですね。天皇にあっては権力は否定されるけれど、権威としては認められる、と。要するに、歴史に基づいて考える限り、あるいは、人類普遍の原理から見て、独立国家にとって権威なり元首というものが必要であると考えれば、天皇元首論というのはすんなり受け入れられることになる。

つまり、無効論の精神から「日本国憲法」を解釈すれば、天皇元首論も、自衛戦力肯定説も自然にすんなり出てくるわけですよ。だから、誰かが言っていましたけど、残念ながら名前は思い出せないのだけれど、無効論でもって憲法解釈をやろうとした人が一人もいなかったことが、日本の悲劇だというのを読んだことがあります。

杉原　ということは、現行憲法は日本国民に自由意志のなかったときに日本国民の自由意志とは関係なく、外から押しつけられてできたもので、憲法としては無効なものであることを、日本国家として、理性的に一度きちんと認めろということ。その上で現在、現実に活用している現実は別途考えるということですね。そうすれば、現行憲法に対して、最も真剣にして、近しく、正しい解釈が可能になると……。

小山　そうです。

憲法解釈にも自由意志はなかった?

杉原　話は別のところに視点を移して展開させますが、現行憲法への改正は、ポツダム宣言受諾上合法であったという、私が先ほど提示した現行憲法有効論でも、解釈の問題については改めて言うべきことがある。

つまり、現行憲法はポツダム宣言上の合意の下に、大日本帝国憲法の改正手続きを経て制定したものであるとすれば、意味の曖昧な条文の解釈は大日本帝国憲法と最も近しく解釈するのが正しいということが、誰の目から見ても明らかとなる。つまり、日本国憲法は大日本帝国憲法を経由してできているのだから、大日本帝国憲法に最も近しく解釈するのが最も正しい解釈だということになる。

だとしたら、今、第九条が自衛戦力さえ否定しているという解釈は、小山先生が言われたように、それこそ自然法に反しており、したがって、第九条は国際紛争を解決する手段としての戦争は放棄しただけであり、そのための武力保持は認めていないが、自衛のための武力保持、つまりそのための「戦力」の保持を認めているのは当然だという解釈になります。

つまりね、憲法改正の帝国議会の審議で、いわゆる芦田修正というものがあって、この修正によって日本は軍隊が持てるようになった。にもかかわらず時の愚昧な首相吉田茂によって、日本は軍隊は持てないとして、「戦力なき軍隊」だと言って、警察予備隊、そして保安隊、そしてさらに自衛隊を作っていった。この間違った解釈を、日本の首相自らが作って、後世の我々をして途方もなく、絶大なる難儀をさせていると。

元首についても、天皇の国事行為と日本国及び日本国民の統合の象徴ということから、議論の余地なく天皇は元首だということになるのに、そういう解釈を認めないようにしている。

確かに、大日本国憲法では、統治権の総攬者として天皇に主権があることを明示しており、現行憲法では国民に主権があると明記してある。しかし大日本帝国憲法でも天皇は自由に政治意思を表明できる存在ではなかったし、まさに、日本統治の総攬者としての主権に過ぎなかった。国家はもともと国民のために国民によって形成されるものであり、それゆえにそのことを率直に言い表して、国民に主権があるとしたのだとすれば、その間に実質的にはそれほど大きな差異はない。少なくとも、天皇の存在を大日本帝国憲法に近づけて解釈するのは何ら否定されるはずはない。

小山　念のため言っておくけれど、大日本国憲法では、天皇に主権があると記しているわけではありません。憲法解釈として天皇に主権があると言われただけです。それはともかくとして、「国民主権」だって、個々の国民が直接政治権力の行使者になるわけではない。政治権力を行使する者が、政治権力を行使する根拠に国民があるということを意味するに過ぎない。国民主権によって、国民の「権威」の下に権力者の「権力」の行使があるのだということになる。

杉原　そういえば、昭和二十一年の憲法改正のとき、国民主権の「国民」の中には天皇もその中に含まれるという解釈がありましたね、これについて説明してください。

小山　憲法改正議会のとき、憲法改正担当大臣である金森徳次郎国務大臣は、六月二十六日の衆議院本会議で、君民一体論から「この憲法の改正案を起案致しまする基礎としての考え方は、主権は天皇を含みたる国民全体に在りと云うことでございます」と明言しています。傍線を引いているところに注意してください。

少しこの問題の経緯を説明しますと、もともと、GHQが日本政府に交付した憲法改正案（GHQ案）の第一条には、the sovereign will of the people という言葉があった。GHQ案を基に作った政府案では、この言葉は「国民の至高の総意」と訳されていました。前に言いましたように、GHQは、七月になって五回も圧力をかけて、「主権の存する日本国民の総意」というふうに変えさせたのです。

日本側は抵抗しながらも、最終的に国民主権を受け入れるのですが、修正を決めた衆議院憲法改正小委員会では、「天皇を含んだ国民全体に主権が存する」という意味で、国民主権を捉えています。このような捉え方ならば、伝統的な一君万民思想とも馴染むことになり、天皇は国民の神聖なる代表として天皇君主論も天皇元首論も十分に成り立つことになります。ともかく、金森も議会も、いわば天皇国民共同主権説に立っていたのです。しかし、戦後の「憲法学」は、「国民」から天皇を除いて捉えてきました。いわば、国民単独主権説を採ったのです。

以上見た議論は、「衆議院憲法審査会」のホームページから憲法改正議会の議事録を検索すれば、簡単に知ることができます。

ところで、江崎道朗『コミンテルンとルーズヴェルトの時限爆弾』（展転社　二〇一二年）によれば、国民主権明記に向けてGHQを動かしたのは、ソ連のスパイと言われるトーマス・ビッソンです。ビッソンは、国民が君主制を打倒する革命を期待して、そのための理論装置として、国民主権を明記させたのです。国民主権を国民単独主権説で解釈すれば、天皇は国民の下位の存在となり、国民の意思によって皇室自体を廃止できることになると考えたからです。つまり、「国民主権」を憲法の規定に入れさせたのはアメリカではなく、ソ連ということ。

杉原　そう。そこには将来、日本国民の意志によって天皇制を廃止することができるようにという意味がこめられていたんだよね。だけど、今、小山先生が指摘されたように、それ以前に、六月二十六日の時点で、金森国務大臣は、「主権は天皇を含みたる国民全体」と説明することによって、天皇と国民は対立するものではないということを明らかにしていたんだよね。そしてこの回答の前日の六月二十五日、金森国務大臣は北昤吉議員の質問に対して、「日本の国体と云うものは……謂わば憧れの中心として、天皇を基本としつつ国民が統合をして居ると云う所に根柢があると考えます。その点に於きましても毫末も国体は変わらないのであります」と答えている。

制定過程にあって、こうした努力があったのにもかかわらず、戦後中心となった宮澤俊義などの憲法学者や、国際法学者の横田喜三郎は、この論を前提としない解釈に走った。つまりは、天皇は君主かどうか、元首かどうかは分らないという解釈。占領期を要領よく生き延びたこれら憲法学者は、日本国民に対し、いかに無責任か、いかに卑劣な憲法解釈を残したか。いかに恥ずべき学者であったか。そしてそれをそのまま放置した、吉田茂を始めとする政治家も悪い。

小山　確かに宮澤俊義の責任は大きい。まるで日本には解釈の自由もないみたいに、占領軍に、ゴマをすったような解釈をする。

杉原　いや、占領軍の意図以上ですよ。天皇は元首ではないという解釈などは、占領軍の意図を超えた劣悪な解釈ですよ。せっかくマッカーサーが天皇は元首である（ヘッド・オブ・ステイト）として、天皇制を守ってくれたのに、元首かどうか分からないというのを準公的解釈にしている。

小山　「天皇制を守ってくれた」というのは引っかかりますが、法制局も憲法学者もおかしいですね。占領下を上手に生き延びた憲法学者は、これで占領軍にゴマをすっていたと思っていたんだね。

第二章

現行憲法に対する有効論と無効論の系譜

八月革命説とは?

杉原　それでは、戦後の憲法学で、そのように無効論が成り立つ現行憲法がどのようにして有効と言えるようになったのか。有効論の沿革というか、あるいは逆に無効論の系譜というか、そこを深めていきたいですね。

ほんらい、現行憲法への改正はあまりにも大幅な改正のため、大日本帝国憲法からしてほんらいできない改正だという見方が出てきた。日本側で自主的な憲法改正に取り組んでいた人たちから見て、押しつけられた現行憲法案は、そんな改正案に見えた。現行憲法無効論を打ち消すために、最初に試みられたのが先ほど言った宮澤俊義の「八月革命説」だった。日本は敗戦の日の昭和二十（一九四五）年八月十五日に、革命が起き、その革命の下に、ほんらい許されない、ありえない憲法が提案されて出てきたのであるから、それは革命憲法だとして見て、そのように革命憲法として誕生したのが、現行憲法だから、その限りで、つまり革命によるものとして天皇は君主ではないというものですね。

しかし、憲法改正の前後を考えたとき、八月十五日に革命があったというのは、あまりにも歴史の事実に反する。八月十五日の降伏（正式には九月二日）は天皇主権の下に、天皇の主権行為で八月十四日にポツダム宣言を受諾して行われたもの。「八月革命説」はあまりにも飛躍しすぎて荒唐無稽だよね。

占領下で、国民の自由意思のない時に、なおかつ、大日本帝国憲法からは改正できない国体の変更も含めたかのような大幅な憲法改正が行われ、だから革命憲法だということになる。占領軍が日本政府や国民の意志を無視して押しつけたものであるということでは無効論が成り立つから、それを有効だということにするためには革命憲法だということになる。しかし同時に手続きとしては、曲がりなりにも大日本帝国憲法に定める憲法改正の手続きによって行われたということで、どうしても革命とは縁遠い。それに先ほど小山先生が言われたように、天皇は国民の中の一人だと考えれば、国体は変わらなかったとも言えなくはない。

小山先生、そこでまず、この宮澤俊義の「八月革命説」をどう思われますか。

小山　私も、「八月革命説」はとうてい成り立たないと思います。革命という以上、そこに国民の意志がなければならない。しかし何しろ、今、杉原先生が言われたように、日本政府だけではなく、議会にも日本国民にも自由意志がなかったわけですから。その観点から言えば、「八月革命説」は明確に詭弁だといえると思います。

杉原　私は宮澤の「八月革命説」は宮澤の保身のためのものですね。このことを私は平成二十三年に出した『保守の使命』(自由社)で書きました。

宮澤は、昭和二十一年二月一日『毎日新聞』がスクープした日本の幣原内閣の憲法問題調査委員会（いわゆる松本委員会）の憲法改正案を作成した委員会の筆頭委員であり、この案は宮澤の作成した案と言ってもよかった。その案がマッカーサーによって十分に民主化が行われていないとして全面否認される。

そこで進退窮まった宮沢は、八月十五日に革命があったとする「八月革命説」を唱え始めた。「革命」という不可抗力の下では、大日本帝国憲法も無効となり、そのことによって、それまでの日本政府の、つまり自分が中心となった憲法改正の試みはすべて無効となる。かくして宮澤は、過去の自分をいっさい清算し、自分の責任は問われなくてすむようにした。そして、今度は占領軍の意向に沿ってこの革命憲法的な解釈をするという、憲法学者として生きる道を見つけた。要するに、憲法学者としてはあってはならない変節をして憲法学者という研究者の立場を維持し続けたということになる。

「八月革命説」によらなくても、日本国憲法を容認する方法はあったと思うのだけれど、宮澤は、大日本帝国憲法の根幹は変える必要はなく、また憲法論として変えられないという立場を取っていただけに、「革命」が必要だった。変節するための便宜だった。

小山　宮澤は戦前も一度変節した。

杉原　そう。彼は美濃部達吉の弟子として天皇機関説に立って、憲法学者になったのだけれど、そのため最初は大日本帝国憲法の天皇に関する条文第一条から第三条について、「学問の対象にならない」と言って講義さえしなかったと伝えられる。にもかかわらず、昭和十七（一九四二）年には「大日本帝国は万世一系の天皇永遠にこれを統治する」と言い、時代の風潮に合わせて、言説を変えた。

あとで詳しく述べるけれど、天皇は君主ではないなど、現行憲法解釈にかかわって、占領軍の意図をも超えて「八月革命説」の延長で、おかしな解釈をして、害毒を今日に流し続けている。現行憲法の解釈をめぐる害毒の根源は彼によって作られた。

小山　でもね、宮澤には、「日本国憲法」は大日本帝国憲法を経由して生まれうるものではないという認識は強烈にあった。だからこそ「八月革命説」に走ることにもなるのだけれど、そういう認識はあった。私の『「日本国憲法」無効論』（草思社　二〇〇二年）で書いたけれど、宮澤にはアメリカに対して、ふざけたことをしやがってという思いは、ものすごくあったんです。

杉原　そうかもしれない。だから宮澤はいっそう「八月革命説」を唱えざるをえなかった。だけど、ふざけたことをしやがってという思いがあるのであれば、新憲法をできる限り、大日本帝国憲法に近づけて解釈を示すべきであった。しかるにね、後で触れるように、天皇の解釈など、天皇はロボットにすぎないと、占領軍も思っていなかったほどに悪しき解釈を作り上げ、世間に広めた。憲法学者としての良心がないね。

ところで、無効論には小山先生が指摘するように、日本国憲法の下にある日本国民の自由意志がないときにその日本国憲法が他から押しつけられてできたという、まさに手続き上の根本からくる無効論のほかに、内容からくる無効論がある。つまり、大日本帝国憲法に対して内容的に不可能な内容変更をしているので、たとえ日本国民に自由意志があって大日本帝国憲法の憲法改正手続きを十分に踏んでなされた改正であっても、日本国憲法は大日本帝国憲法から見て内容的に無効だという考え方ね。先ほど小山先生が言われたように、宮澤もこの考え方を基本的にはしていたのだと思う。

つまりね、大日本帝国憲法でいう天皇は、日本の悠久の歴史を映して天壌無窮なものであり、統治権の総攬者であった。この天皇の地位は、日本の国家原理として不変であり、大日本帝国憲法にあってそのことを謳ったのであり、大日本帝国憲法の改正にあっても、この部分は変更不可能である、と。しかるに日本国憲法は天皇の主権も否定し、国民主権を明示している。よって日本国憲法は、大日本帝国憲法からは無効な憲法と言わざるをえないということになる。

この点を小山先生はどう考えられますか。

小山　天皇の主権という言い方は大日本帝国憲法に直接書いてあったことではないけれど、論理的な分析としては先生の言われる通りだと思います。

杉原　大日本帝国憲法にはほんらい変更できないものがあり、にもかかわらず、そこを変更したという考え方に対し、憲法改正に限界はなく、限界を設けて考える必要はないという考え方がある。一般的にいえば、私はこのとおりだと思う。

小山　京都大学の憲法学者、佐々木惣一がそういう考え方をしていた。憲法改正は、国家がどのような変化をする場合であっても対応しなければならないという前提で考えなければならないと考えた。つまり憲法改正無限界説ですね。

しかし、佐々木は、全文改正はできないと考えたし、議会による改正案の修正も認めなかった。ですから、佐々木説に従っても、帝国憲法第七三条が定める憲法改正手続きに反しているから無効であると言えるんです。佐々木説からも無効論は出てくるんです。このことを多くの人が見逃しているんです。

杉原　手続き論のことはともかく、内容論的には、佐々木惣一が言うように、国家はどのような変更も行わなければならなくなるのだから、憲法に改正できない部分のある改正限界説を説いてもしかたがない。

それに、大日本帝国憲法を礼賛する人たちからは非難されるかもしれないが、大日本帝国憲法の天皇主権と日本国憲法の国民主権との間には、内容の実質から考えた場合、それほど大きな差異はないとも言える。

大日本帝国憲法で天皇は統治権の総攬者だと言っても、実際には政治意志の決定者ではなかった。第五五条にあったように、すべての法律、勅令その他国務に関する詔勅は国務大臣の副署をもって効力を有することになっていた。

もともと憲法を定めて、天皇の地位を定めるとは、簡単に言えば天皇をしばるもので、まさに立憲君主としての君主であった。そして、それは結局は、国民に安寧秩序をもたらし、国民の恵沢を増進するためのものだった。だから、その国民に主権があるとし、そしてその国民の一人である天皇を国民が国家と国民統合の象徴として歴史的存在である天皇を君主として推戴するということの間に、実質的差異はないと言える。

つまりね、大日本帝国憲法の場合でも、国家はやはり、国民中心のものなのだけれど、形の上で天皇に主権があるとした。改正後の日本国憲法の場合は、国家の中心である国民がそのまま表に出てきて主権者として表わすことになった。つまり、大日本帝国憲法では、天皇は国政に関わらないことが密教的に決めてあったのに、日本国憲法では天皇は国政に関わらないことを憲法に明記したことによって、顕教的に決めたということになった。

このように考えれば、天皇の地位の大日本帝国憲法から日本国憲法への移行は、内容的には一貫したもので、何ら問題ないものとなる。天皇の尊厳さを考えれば許しがたいという考え方も理解しうるが、天皇の地位は変わらないという私の考え方も、法学的な説明としては成り立ちうる。

宮澤俊義は、大日本帝国憲法に一面では殉じているように見えるけれど、結局は、憲法学者として能力が不足していたからだろう。大日本帝国憲法の立場から、その最も近しい解釈を、日本国憲法に対して導き出すのが筋というものだろうに、それができなかった。能力不足のゆえに変節する以外になかった。法学界では民法や刑法の学者の方が優秀で、憲法学は能力の劣る者が研究すると一般に言われているけれど、宮澤はまさにその典型で劣悪な能力しか持っていなかったんだね。その上卑劣だったということになる。

宮澤俊義（1899-1976）

小山　杉原先生の宮澤批判は厳しいですね。

杉原　こうした卑劣で能力のない学者は恥ずかしめなければならない、真面目に生きている日本国民のためにね。

「日本国憲法」制定をフィリピンと比較した？

小山　宮澤学説が占領期にＧＨＱの支持を受けて通説になっていくのと対照的に、無効論は誕生することさえ、長らく許されなかったことを指摘しておきます。

憲法無効論の元祖は亜細亜大学教授などを務めた井上孚麿という憲法学者ですが、昭和二十一年春から夏ごろにかけて、「憲法改正とポツダム宣言」を書き上げ、ポツダム宣言（バーンズ回答を含む）は憲法改正を要求するものではないと主張しました。前無効論ともいうべきものですが、プレスコード（プレスコードに基づく検閲）に引っかかるため、発行を禁止されました。こうして無効論は、誕生以前に、ＧＨＱによって、いわば胎児のまま一度葬られたのです。

ですから、無効論はなかなか誕生を迎えることさえもできませんでした。井上は、昭和二十九年春から無効論を執筆し始め、ようやく昭和三十四年（一九五九年）六月に『憲法研究』（政教研究会発行、東京堂発売、一九五九年）として出版しました。その二年後、昭和三十六年十一月、東京裁判で元陸軍大臣荒木貞夫の弁護人を務めた弁護士である菅原裕が『日本国憲法失効論』を刊行しています。「日本国憲法」公布から十三年から十五年もかけて、ようやく「日本国憲法」無効論は体系化され、その誕生を迎えたのです。

杉原　私も憲法学は少しは学んでいるけれど、そこまで詳細には知らなかった。

小山　ところが、昭和三十二年に設置された憲法調査会ね。この調査会が、無効論と正面から向き合わずに、「日本国憲法」を有効なものとしていきます。この時に何をやったかというと、例えばフランス憲法がありますね。現在のフランス憲法の第八九条第四項は、占領期における憲法改正の禁止規定です。あとはボン基本法がありますね。「基本法」と称した理由ですね。にもかかわらず、こういうのは日本の参考にはならない、東南アジアの例が参考になるということを、会長の高柳賢三なんかが憲法調査会で方向づけたのです。

憲法調査会と言っても、国会両院ではなく、内閣に設けられた機関です。昭和三十二年から三十九年まで七年間にわたって存続した機関です。その任務は、「日本国憲法に検討を加え、関係諸問題を調査審議し、その結果を内閣及び内閣を通じて国会に報告する」（憲法調査会法第二条）ことでした。昭和三十九年七月に出された憲法調査会報告書によって少し説明しますと、調査会の委員は国会議員が自民党を中心に二〇名、学識経験者が一九名です。この三九名以外に社会党議員のために一〇名の席が用意されていましたが、護憲を唱える社会党は委員自体を出しませんでした。国会議員選挙が行われるたびに議員である委員数は変化しますが、大体三九名前後で推移します。

会長は東大や成蹊大学の教授を務めた英米法学者で護憲派の高柳賢三、副会長は改憲派ではあるが自主憲法制定派ではない矢部貞治、そして自民党大物議員で自主憲法制定派の山崎巌です。他に憲法学者や行政法学者から選ばれた専門委員が数名いますが、いちばん重要な人物が宮沢の弟子である佐藤功です。佐藤は憲法調査会の報告書を中心的に執筆し、調査会の議論をいちばんリードした人物です。

高柳賢三（1887-1967）

『憲法調査会報告書』の付属文書に『海外調査に関する報告書』というものがあるのですが、高柳は、自ら「東南アジア諸国における民主制の動向」という報告論文を執筆しています。この中で、「日本国憲法」の成立過程で参考になるのは東南アジアの憲法であると言うのです。東南アジアが独立していく過程で、本国との間で憲法について交渉しているんですが、それと比べてひどかったかどうかが、判断材料だというふうに高柳は言うんです（報告書本体も付属文書も、昭和三十九年内閣憲法調査会編『憲法調査会報告書』CD－ROM版、財務省印刷局制作・発行、二〇〇一年、所収）。

杉原　国ではなかったところが国として独立していくのが、日本のモデル？

小山　そうです。少し引用しますね。

「マライ連邦、シンガポール、フィリッピン、インドネシアなど新興国の憲法制定過程というものをみて、その国際的背景のもとに日本国憲法の制定経過を眺めてみると、そこにはある類似点が存在する。すなわち、これらの国々の憲法の内容は、いずれも、いわば占領軍にあたる本国政府と、被征服者であった植民地の土着民の代表者の交渉の結果として、本国政府の承認を得て成立したのである。その場合、本国政府のほうはもちろん一面自国の利益も考慮に入れるが、同時にまた他面、植民地が独立した場合の自治能力の程度、すなわち独立国としての実力があるかどうか、というようなその国々の事情も考慮し、いわば後見人的立場に立って、憲法の内容について同意が与えられているのである」。

ここのところ、特に傍線部分はびっくりしました。

杉原　本当ですか？　宮澤と同じようなことだ。高柳は昭和三十七年の時点で、「象徴」は「元首」の属性であるとして宮澤を厳しく批判していたので、（高柳賢三「象徴の元首・天皇」『自由』一九六二年五月号）立派な学者だと私は思っていたけれど、この点では宮澤よりひどいとも言えるね。

小山　高柳がそういう考え方を確定した。先ほど紹介したように、高柳賢三というのは憲法調査会の会長です。いちばん権威のある人だけど、そのようにまとめた。

杉原　そんな言い方をしたら、宮澤と同じじゃない。

小山　いや、宮澤は、そんな植民地憲法と比べるべきだとは言いませんよ。高柳は今杉原先生が指摘されたように、もっとひどいです。

杉原　その論を立てようと思ったら、日本が一回アメリカの植民地になったという論を立てなきゃいかんでしょう。

小山　植民地が独立していくのと同じような状態だったんだと、そういうふうに解釈できるという立て方をするわけです。そのフィリピンが憲法を作るような話と比べた時に、ひどいかといったら、ひどいとは言えないと高柳は言うんです。だから有効だという話になるわけです。無効論とまったく論争せずに、そこで有効論が確定したんです。だから何が言いたいかというと、「日本国憲法」成立過程に関する嘘物語が定まったということ。法学的に、東南アジア憲法が比較材料だということが決まって、「日本国憲法」は有効だと。

杉原　そうですか。

自由意志のなかったことを認めながら、そこから目を反らす中曽根康弘氏らの意見書

小山　ある意味さらにひどいのは、自主憲法制定派の中曽根康弘氏などが出した「憲法制定の経過に関する小委員会報告書の『結論』に対する共同意見書」というものがあるんです。それは四分の三ぐらいの委員が賛成して、提出された意見書です。

どういう意見を出したかというと、フランス憲法のこの規定を出すわけです。すなわち、フランス第四共和制憲法第九四条。第五共和制だと第八九条。同じような条文があるんです。第四共和制のものを引くと「本国領土の地域の全部または一部が外国軍隊の占領下にある場合は、いかなる改正手続きもこれに着手し、もしくは続行することはできない」という規定があって、フランス憲法でこういうふうに定められているのと同じような法的状況だったというわけです。これが当てはまるような条件の下で、日本は改正させられたんだと。ということは、そこからいくと無効論が出てくるはずですね。だけど、その後段で、中曽根氏などは法律戦はやらないというんですね。無効か有効かみたいな議論とは、いちおう切り離す

と。だから、まずは自由に作ったものとは言えないということがあって、まさしくこのフランス憲法が規定するような状況で作られた。しかしながら、無効かどうかは判断しないと、そこから逃げたわけですよ。だから、本当は無効だけど、無効というのは恐ろしくて言えないということを、中曽根氏を中心にした委員たちはそういう立場を表明したわけです。私の言う無効確認の重要性を一顧だにしない対応です。本来日本が採るべきものとは真反対の対応です。

委員会の意見書の文言を紹介しますよ。「われわれは、日本国憲法制定の経過を考察するに、日本国憲法は、実質的に、日本国民の自由な意志で制定された憲法であると認めることはできない」。これは宮澤の説と反対の事実認識をするわけです。

続けますと、「即ち、連合軍総司令部より憲法草案が交付された時点の客観情勢、特に、手交された日本側の心理状態、公職追放や相当数の未帰還日本国民の存在、政府原案の作成及び議会における修正がいずれも連合国総司令部の承諾を必要としていた事実等に照らし、憲法制定に関する正常なる手続によつたものとはいえず、自由意思の表明の著しく困難な状態で作られたといわざるをえない」。

自由意志を否定しているんですよ。さらに読みますと、「第二次世界大戦以後出現した各国の憲法の中に、外国軍隊の占領下において、憲法の修正又は制定を禁止する規定を設けるものがあるが」とあります。これはフランス憲法のことです。

そして、「日本の事態は正にこの規定の該当する外国による軍事占領下の、国民の自由意志の保障されない状態下における憲法制定であつたと認めざるをえないのである。しかしこのことは、制定経過における瑕疵を指摘するのであつて、この不幸な事態がいかなる事由で招来され、又、その制定の内容が将来いかなる意味をもつたかということは、別個に評価を要することである。われわれは、民主憲法の主要な一要件として、制定手続の自主性を重視する見地からこの事実を事実として指摘するものである」と締めくくるのです。

もうここまでいったら、無効だと言うべきなんだけど、言わないんです。だからここで日本の運命は決まった。中曽根康弘氏の見解です。

杉原　中曽根氏が言ったところの最後は、「だから無効だ」と言おうとしたようにも聞こえるし、「だけど有効だ」と言おうとしたようにも聞こえるね。

小山　だから、それは最後はもう一回、最初に言ったことに戻るわけですね。だから民主主義的観点の下、自主性を尊重する、重視する立場からすれば、非常に問題のある作られ方をしているけれど、「有効か無効かまでは立ち入らない」と言っているわけ。

杉原　政府関係者がこういうのはまずい。

小山　本当にまずい。

杉原　一般に、憲法学者の能力が低く、また、政治家もそれに追随してしまい、みんな小山先生のような精緻な無効論を展開できなかった、ということですね。私は、高柳賢三は、宮澤俊義のような卑怯なところはなくて、憲法調査会をリードしてよく努力したと思うんですが、それでも問題ですね。日本とアジアの独立する際の憲法制定を同列に扱うのは驚きますね。日本は戦争に負けて一時的に主権が制限されているだけで、潜在的には主権を持っていた。それに新しい憲法は形の上では、大日本帝国憲法の改正として出てきたもので、アジアの諸国が独立する場合と比べて、全然憲法のできてくる法的状況が違う。

次の中曽根康弘氏の問題。彼の立場からすれば何としてでも、あの憲法は、日本国民の自由意志に基づいて生まれたものではない、そのことを占領が解除されて、政府の機関で、一度は鮮明に明らかにしておく必要がある。そこで、中曽根氏はその事実を大々的に指摘した。

しかし、その時点で、憲法は無効であるとは言えなかった。現実に適用され、戦後の国法がすべてこの憲法下に位置づいている状況で、無効とは言えなかった。無効といえば、直ちに大日本帝国憲法に復帰するということになると思うばかりで、無効と言えるとは思わなかった。

中曽根氏自身は憲法学者ではないけれども、これは、日本の憲法学者の能力の低さと関連していると思うんです。小山先生が先ほど言われていたように、そのできていく過程の問題ゆえに、日本国憲法は無効であると一度は明確に言って、無効を確認した上で、しかしその確認した時点までの活用は有効として、活用してきたことの有効性は認める。そしてまた確認後も、新たに憲法をつくるまでは、現行憲法を有効に活用する、そういうような決定をしておけばよかったわけね、この憲法調査会の時点では。

小山　そうです。

杉原　その点では、やはり、憲法学者の能力は低かったということになる。

小山　中曽根氏は意見書が出された昭和三十八年当時は政府関係者ではないと思いますが、無効論なんてまったく知らないんだったら、まだいいですよ。中曽根氏などの自主憲法制定派というのは、無効論を一回知って、ある程度理解しながら、しかし正当な対応をしなかった。逃げたんですね。そこから逃げる時にその人間はだめになっていくんです。だから際限なく堕落して、際限なく妥協していくんです。原則をすべて蔑ろにしていくんです。

いったん原則というものを捨てた人間は、どんどん後退するんです。これは宮澤がそうでした。宮澤も、やはり最初は無効だと思ったんです。だけどそれを言ったら、彼は殺されていたかもしれない。だから宮澤の場合、有効にするための「八月革命説」などの屁理屈を唱えたんですね。

屁理屈だけならまだよいのですが、「日本国憲法」を有効にするためには、少なくとも憲法改正議会で自由な審議が行われたとしなければなりません。できれば、政府案作成過程でも日本側に自由意志があったとした方がよいわけです。ですから、昔はＧＨＱ案の押し付けさえも秘密にされてきました。要するに、「日本国憲法」成立過程について歴史の隠蔽ないしは歴史偽造が行われてきたわけです。

それでも、政府案作成過程における「押し付け」はもはや否定できませんから、「日本国憲法」を有効とするために、「日本は侵略戦争を行い『南京事件』などを起こした犯罪国家であるから、憲法を押し付けられても仕方がないのだ」という物語が再生産され続けてきました。有効論を採る限り、この嘘物語に実は対抗できないのです。つまり、「日本国憲法」を有効とすることは、歴史戦における大敗北を意味するのです。ですから、歴史戦を戦うためにも、無効確認が必要だと思っているのです。

杉原　なるほど。自虐史観が生まれる構造もここにあるわけですね。

小山　杉原先生もやっと分かったみたいですね（笑）。

杉原　それで思うんです。少し長くなるけれど喋らせてください。

私はね、つくづく、学者とか研究者という者は、いかに心性において惰弱かと思うんです。生き延びるために、平気で愛国心を捨てます。かの戦争がたとえ誤った戦争だと見えるとしても、大勢の若い人たちが国を守ろうとして戦って死んでいったのです。その人たちの戦いの後に残った日本を、自分が生きるために、平気で愛国心を捨ててしまう。「愛国心」と言うと古めかしいけれど、人を愛し、社会を大切にする心ね。

日本にとって初めての敗戦で、この敗戦という現実に対してどのように対応してよいか分からなかったということについては、私も理解できるんだけれども、学者としての社会的立場を維持するために、占領軍に無原則に妥協し、迎合する。

彼らがもう少し優秀であれば、占領下でも、できる限り戦前との一貫性を維持することに努力するでしょうが、能力が低いから、そのような道を歩む力がない。そのためにやすやすと愛国心を捨てて、占領軍の言いなりになる。

先ほども少し触れたことで、今からの対談の重要な内容となると思われるけれど、憲法学についでは、占領軍の意図を超えて劣悪な解釈を作り、社会に広めた。これは犯罪の域に達している。

これには、官僚や政治家が追随し、是正しなかったことも大きいんだけど、特に安全保障問題で、占領下で長く首相を務めた吉田茂の責任が大きいのだけれど、これら重要な立場にいた人には、愛国心を持たなかった人が多く、その人たちが占領軍に必要以上に迎合してしまい、敗戦という被害を、敗戦という客観的事実の被害よりも、さらに大きくした。そして、大きな害毒を今日の日本国民に及ぼしてきた。

ついでに言うけれど「新しい歴史教科書をつくる会」が奮戦している歴史問題ね、歴史に関わる歴史学者もひどかった。愛国心を捨てて、自虐史観に走り、それを大きく作り上げた。

考えてみると、法学と歴史学は、いずれも当事者が心を込めて為すものだよね。そこに他の学問とは違うところがある。だから、かの戦争が終わって、最も愛国心に満ちて対応しなければならない学問でなければならないのに、彼らはその学問で平気で愛国心を捨てた。

日本にあっては、日本全体が、初めての敗戦に遭い、どのように対応してよいか分からない状況ではあったけれど、心を込めてなさなければならない法学や歴史学が愛国心を失った人たちによって占められたことは、今日に甚大な被害を及ぼしている。

残念だね。

小山　これからの新しい世代に期待する以外にないですね。

杉原　もう少し言います。宮澤は、昭和三十年に『コンメンタール・日本国憲法』(日本評論社)という憲法解釈書を書いています。その中で、第三条の趣旨は、天皇を「ただ内閣の指示にしたがって機械的に『めくら判』を押すだけのロボット的存在にすること」であると述べた。昭和三十年ですから、占領軍はとっくにいなかった。にもかかわらず、占領軍が予定していた以上に、劣悪な解釈をした。

彼を始めとして彼の周辺の一部の人たちは、国を守るために散っていった人たちの思いを、かくもやすやすと蔑ろにした。先ほども言ったように、かの戦争に対して、たとえ批判を持ったとしても、ここまで天皇を貶めるとは、彼とその周辺の一部の人たちは、いかに心情において卑劣で卑怯か分かりませんね。

その宮澤を、昭和四十四年、第二次佐藤内閣のとき、勲一等瑞宝章を与えるんだよね。勲章は機械的に授与するところがあるので、一面仕方がないのだけれど、これだけ天皇を貶めておりながら、よく受け取ったよね。

小山　杉原先生は宮澤俊義に厳しいね。

杉原　私はやはり、こういった裏切りは、日本の長い歴史の中で、明示しておかなければならないと思うわけです。

小山　分かります。

杉原　私は、個人的憤慨で、宮澤を非難しているんではありません。日本の歴史に敬意を払い、日本の名誉を守ろうとしている人たちが、宮澤について無関心でいることに警告を発しているのです。日本の歴史に愛情を持っている人たちが、憲法学のことだからと言って、宮澤らに無関心でいる。そのことが日本の歴史に誇りを持ち、愛情を持っている人たちの考え方や行動に甘さがある、と言いたいんですね。憲法学といえば、我々の日常の生活を律しているわけですよ。占領軍が予想もしなかった劣悪な解釈を流して平然としている、その卑劣さと、能力の低さを非難しないでいて、嘆いていても仕方がないではないですか。日本の歴史に愛情を持っている人たちは、日本の社会の細部にもう少し立ち入って、日本をダメにする根っこに注意を払っていかなければならないのに、その根っこの部分に無関心でいる。私から見れば考えられないことですね。

　だから、宮澤に恥をかかせなければならないと、宮澤の卑劣さと能力の低さを非難している。でもね、正直に言って、やっぱり私の憤慨のそれこそ根っこは、私の個人的憤慨かもしれませんね（笑）。

小山　いや、ちょっと違うんじゃないですか。

第三章　劣悪な憲法解釈の蔓延

天皇論について

杉原　それでは解釈に関する問題に入りましょう。一度、この憲法は無効であると確認して、そして、例えばボン基本法のように基本法としては認める、というようなことになると思うけど、そこから現行憲法に対する我々日本国民としての対応を自由に判断すれば、そこから、現行憲法に対してより正当な解釈ができるようになるという小山先生の今言われたご指摘は、重要だね。私からは、現行憲法は曲りなりにも大日本帝国憲法の改正手続きを経たのだから、解釈は大日本帝国憲法に最も近しく解釈すべきだという主張なのだけれど、それにしても、宮澤俊義を始めとして、憲法学者の占領軍の意図を超えた憲法解釈はひどいね。

小山　その際に問題にしなければならないのは、第二章で問題にした昭和三十二年に設定されて、昭和三十九年七月最終報告を出した憲法調査会の果たした役割だ。この調査会は悪かった。調査会の多数派が、この憲法の改正は無効であると実質的に認めながら、その無効の認識をいいかげんに扱ったことからも分かるように、この調査会はでたらめだった。

杉原　そう。この調査会は憲法改正を前提として設置されたために、そのことも災いして、劣悪な解釈を駆逐するのではなく、悪しき、劣悪な解釈が世間に蔓延するのを放置した。

小山　最終報告の段階で、現役委員の中では改憲論は三一、改憲不要論は七と改憲論が圧倒的に多かったのだけれど、改憲には結びつかなかった。その審議の過程で、「憲法解釈」の問題を放置したんですね。

杉原　解釈問題で、まず取り上げなければならないのは、第一条にある天皇は「象徴」であるという文言の解釈だね。

先ほども述べたように、宮澤の『コンメンタール・日本国憲法』（日本評論社）が昭和三十年、出版された。その中で、日本国憲法第一条「天皇は、日本国の象徴であり日本国民統合の象徴であつて、この地位は、主権の存する日本国民の総意に基く」の解釈として、宮澤は次のように述べている。

本条は、明治憲法の下で天皇がもっていたような統治権の総攬者たる地位を日本国憲法の天皇に対しては否認し、これにもっぱら国の象徴たる役割を与えることをその狙いとする。その趣旨は、消極的に天皇が国の象徴たる以外の役割を原則としてもたないことを強調するにある。

天皇が「象徴にしかすぎない」と強調することに主意があるようだ。宮澤の天皇の地位の軽視は、第二章でもふれたが、現行憲法第三条に関する次のような記述で極限に達する。すなわち「天皇の国事行為に対して、内閣の助言と承認を必要とし、天皇は、それに拘束される、とすることは、実際において、天皇を、なんらの実質的な権力をもたず、…ロボット的存在にすることを意味する。そして、これがまさに本条の意味するところである」とね。そして、天皇は元首ではないとはっきり言っているんだよね。

「日本国の象徴」「日本国民統合の象徴」としての天皇を貶めてあまりあるものがあるよね。日本国憲法では第一条で天皇は「象徴」と規定したあと、即座に第二条で皇位が「世襲」のものであることを謳っているんだから、ここに日本国に歴史的に存在した「天皇」の継承があるよね。日本国憲法によって初めて創出された天皇ではなく、歴史的に存在した天皇であることが謳われているんだ。

しかし宮澤は「世襲」の意味の掘り起こしをいささかもせず、それどころか「世襲」に関する説明として、「日本国憲法は、…一方において法の下の平等の原則をみとめると同時に、他方において、天皇の世襲制をみとめているから、そのかぎりにおいて、その法の下の平等の原則が徹底していない」などと述べた。そして他の著書では日本はもはや「君主制ではなくて共和制だということになろう」と明言している。この発言は前述のように高柳賢三によって批判されているのだが、憲法学者の発言としてあまりにもひどい。

小山　公民教科書検定の過程での天皇をめぐる丁々発止は、あとで話すことになるだろうけれど、宮澤の天皇に関する解釈は悪い。杉原先生は宮澤をしきりに批判しているけれど、そのことは『保守の使命』（自由社）でも書かれている。

先ほど、第一章で杉原先生がちょっと触れたけれども、この「憲法」を押しつけたマッカーサーだって、憲法改正三原則の一つとして、天皇は「元首」だと言っている。そして、国家である以上、元首がいるのは国家論または自然法から見て言えることであり、日本で誰が元首かといえば、国事行為や公的行為からしても天皇しかいない。ところが、現在の日本政府の解釈では、天皇は「元首」であるという解釈を明確には打ち出しているような、いないような。この問題は、後でまた触れたいと思います。

杉原　制定過程からも分かることだけれど、イギリスがオーストラリアやニュージーランドの独立を認めるに当たって、イギリスの国王を「象徴」として国家元首にした。そのことを一九三一年にウェストミンスター憲章として、その中に記載した。日本国憲法もそこから「象徴」という言葉を取ってきた。その点からも天皇は元首だよね。

小山　そうです。

大日本帝国憲法に最も近しく解釈するのが最も正しい解釈ではないか

杉原　先ほど、改正時には国民が自由意志を持って改正に臨みえなかったからこの憲法は無効だということになったけれど。しかし曲がりなりにも、大日本帝国憲法の改正手続きに基づいて改正したのであるから、先ほども言ったように、常識的に言えば、解釈が分かれるようなところは大日本帝国憲法に近づけて解釈するのが、いちばん妥当な解釈ということになろう。なのに、憲法学者は何で、それを超えた劣悪な解釈を振りまいてしまうんだろう。そして政府の内閣法制局はそれを追認してしまった。そしてその法制局をそのまま黙認してしまった自民党政権も大いに責任があるね。

小山　憲法改正の帝国議会では、「象徴」という地位に対して、先ほども、杉原先生が指摘したように政府を代表して金森徳次郎は過去からの一貫性を強調し、国体は本質的には変更されていないと説明していたのにね。そして、先ほど言ったように、前文や第一条の国民主権の解釈として、君民一体論の立場から天皇国民共同主権説の立場を表明していたんです。この政府解釈からすれば、天皇は主権者の一員ですから、国民の下位には位置しないことになります。そうすれば元首であると位置づけることに何の問題もなくなるわけです。

ところが、その後解釈で補強せず、劣悪な解釈が蔓延するのを放置した。そして、結局は天皇は国事行為に関する規定から、元首と位置づけなければならないのに、元首かどうか分からないということにしてしまった。

杉原　だから、結局それは直接には内閣法制局がしっかりしなかった、ということになる。

小山　だから、結局しょうがなかったという話になるのかもしれないけど、戦前の場合はやはりある程度、憲法学はリベラルの傾向に偏っているところが少しあるんだけど、でもそうは言っても憲法学の中自身に、法制局がよることのできるような学説があるわけですね。ところが戦後の場合は、内閣法制局としてよるべき学説がほとんどないわけですよ。だから、内閣法制局もかわいそうだといえば、かわいそうなんだ。

杉原　だけど、法制局は内閣の機関であり、憲法改正の時には、天皇の地位は一貫性があると言っていたのだから、日本の国家において元首は誰かは少なくともはっきりさせるべきだった。結局それは、内閣法制局がはっきりさせるべきものをはっきりさせず、唾棄すべき宮澤憲法学で、公務員試験を実施し続けた。政府も定見を失っていたんだね。

小山　だから、公務員はすべて宮澤憲法学の門徒にされる。やっぱり就職できないから。

杉原　公務員試験で宮澤憲法学を敷衍するんだから。

小山　というか、それ以前に大学の法学部に就職しようと思えば、宮澤憲法学に転換しない限りは……。というか、戦後の東大法学部の憲法学が公務員試験の憲法学になった。

美濃部達吉は天皇君主論をとり、次のように言っていた。天皇の地位は新憲法においても変ずることなく「至尊」という言葉は新憲法でも等しく天皇の別称として用いるべきであり、天皇が国家の象徴であると言っているのは、この尊栄の地位を表明しているものである、と（『日本国憲法原論』有斐閣　一九四八年）。

杉原　やはり、自民党や内閣法制局がぼんやりしていたんだね。憲法改正時の国体は変わっていないという政府の説明の原点に立ち帰って解釈を正すべきだ。今からでも遅くない。国家としての憲法解釈を正して、それを元に公務員試験を実施する。そして、就職するためには、きちんとした憲法学を勉強しないと就職できないんだということになっておれば、正しい憲法解釈は普及する。もし天皇に元首の地位がないとすれば、誰が日本の元首ですか。日本には元首はいないのですか。法制局としてはそんな曖昧なるままの解釈で許されるのか。先ほどから先生が、一度無効を認めなければ限りなく妥協に走らされると言っておられたけれど、まさにそのとおりだね。

第九条について

小山　次に「解釈」の問題として問題になるのは、第九条の戦争放棄の条文の解釈。これには政治家吉田茂の責任が大きいんだけど、日本は侵略戦争を放棄し、「戦力」は持てないとしている。今の自衛隊は「戦力なき軍隊」、いや「軍隊ではない」ということになっている。

一般的に侵略戦争を放棄するというのは肯定してかまわないけれど、軍隊が持てないというのは自然法に反する。自然法と、そしていわゆる芦田修正も踏まえていえば、現行の条文は、「国際紛争を解決する手段としての」戦争、すなわち侵略戦争を遂行するための軍隊は持てないけれど、自衛のための軍隊は持てるというように読める。こういう解釈をしたのが、佐々木惣一とその弟子である大石義雄です。ところが佐々木—大石の系統というのは、どんどん目減りしていくわけです。大石の弟子も、多くは宮澤派になっていくわけですね。

杉原　内閣法制局もひどいよね。平成二十七年、集団的自衛権を行使できると、政府解釈を変えた。この時の歴代の法制局長官の憲法第九条の解釈はおかしかった。それまでは、日本は集団的自衛権は保持しているけれども、行使はできない、などと。

だったら、昭和二十六年に締結した日米安保条約はどうなるんですか。「平和条約は、日本国が主権国として集団的安全保障取極を締結する権利を有することを承認し」とし、「これらの権利の行使」として、日米安保条約を結んでいるのではありませんか。

この第九条の問題は先ほど述べたように、吉田茂がからんでいるんだけど、つまり、こうした劣悪な第九条の解釈の源流は、吉田茂のその場限りのいかにもいい加減な解釈が淵源なんだ。この点を、田久保忠衛氏と加瀬英明氏とが対談した『日本国憲法と吉田茂』（自由社二〇一六年）という本が、昨年平成二十八年に出ている。この本を読むと吉田は愚かな首相だね。

現在の内閣法制局の保持する政府の公権解釈では、「自衛権は否定されておらず、したがって自衛のための必要最小限の武力行使は認められる」としながらも、「自衛のためであれば戦力も保持できる」という説は、政府の採るところではないと言うんだよね。

「自衛のための武力行使」は認められるが、「自衛のための戦力」は認められないとはどういうことなの。自衛隊は「戦力」ではなく「実力」だと言うんだ。

これも、結局は吉田茂が「戦力なき軍隊」というような馬鹿げた説明を、それがどう混乱をまねくか配慮もせずに言ったからだよ。内閣法制局も、後々これを改めればよいのに、吉田が言ったからとして、金科玉条に守ろうとしてこんな奇妙な公権解釈を作ってしまった。

それに吉田の罪は、アメリカが軍隊を作れと言ってきているのに、憲法の解釈だからと言って、軍隊ではない、警察予備隊を作ってしまったこと。国家とは何か、何も考えていないんだよね。

小山　杉原先生が言うように、日本の自衛隊は、組織的には軍隊ではなく、警察なんだ。我々が代表執筆者を務める自由社の中学校公民教科書『新しい公民教科書』では明確にそのことを説明しているよね。

杉原　そう。ネガティブ・リストとポジティブ・リストの問題ね。

警察は国内で犯罪を取り締まるためにある組織であるから、どのようなときに逮捕できるか、逮捕に関する要件や手続きが事前にこと細かにきちんと決められていなければならない。そういうことで、警察官のできることをポジティブ・リストで明らかにするように法律はできている。

軍隊はこれに対し、他国と生存をかけての武力を使っての戦争をするためのものであるから、原則的にいえば、勝つために何をしてもよいということが原則となる。そのためにできることを予め定めるポジティブ・リストでは対応できない。しかし戦争の被害を無制限に大きくしないために、国際法に基づき、原爆や毒ガスや細菌爆弾のようなものは使ってはならないとか、武器を持っていない一般市民は殺傷してはいけないなど、してはいけないことをリストアップして軍の規定をつくる。だからネガティブ・リストというわけだよね。

しかし日本の自衛隊は法制上ポジティブ・リストで警察のようにできている。したがって本当に、外国が攻めてきて、戦闘をしなければならなくなったとき、このポジティブ・リストを冒して法違反をしなければ戦えないという構造になっている。本当に軍の本質にかかわる問題だ。

小山 原爆の使用が国際法で禁止されているかどうかは説が分かれますけど。それはともかく、昭和二十五年（一九五〇年）、吉田茂が日本の安全保障のためだとしながら、警察予備隊を作ってしまった。

杉原 アメリカが軍隊を作れと言っているのに軍隊を作らなかった。

小山 軍隊を作るほど経済的に豊かではないとか言ってね。

杉原 経済の問題ではありませんよ。同じ予算で小規模に作るとしても、それを軍隊として作るか、警察として作るかの問題です。予算がなくて、小銃や機関銃でしか装備できないとしても、それを軍隊として作ることこそ重要だったんです。

小山　その点、吉田には国家という認識がなかったんだよね。先ほどの田久保氏と加瀬氏の対談本『日本国憲法と吉田茂』（自由社　二〇一六年）によく出ている。国家が自立する証しとして軍隊を保持するということは不可欠なのに、その点では最低の首相だった。

政教分離の問題

小山　次に「解釈」の問題として大きいのは、第二〇条や第八九条にかかわる政教分離の問題。これは杉原先生の方が詳しい。杉原先生の平成二十七年に出版した『理想の政教分離規定と憲法改正』（自由社　二〇一五年）に出ていて、そこに書いてある。

杉原　政教分離の問題ね。政教分離について、小山さんはどういうふうに解釈されるか知りませんが、第八九条で、「公の財産」を宗教の利用に供してはいけない、とあるでしょう。読者に分かりやすくするため、条文を掲げておくね。

第八九条　公金その他の公の財産は、宗教上の組織若しくは団体の使用、便益若しくは維持のため、又は公の支配に属しない慈善、教育若しくは博愛の事業に対し、これを支出し、又はその利用に供してはならない。

この条文を文字どおり解釈したら、地域の秋祭りとかできないでしょう。だって秋祭りは近くの神社の神事ですよね。神事である行事に、道路という公の財産を貸している。それで宮澤は第八九条の規定に乗っかっちゃって、宗教系の私立学校に補助金を出すのも憲法違反だと言ったんだよね。私は大学院生の時から、この解釈はまちがいだと言った。学校教育というのは公の性質を持っているのだから公費補助をしてよいのだ。私学において宗教教育を認めたのは、その宗教教育に公共性があるからであってね。事実、私立学校にあっては、学校教育法施行規則第五〇条第二項において宗教を教えることを認めている。

とにかく、第八九条を使って宮澤は、私学に補助金を出すのも憲法違反だと。私に言わせれば馬鹿げてる。憲法学者として能力が疑われる。私立学校は私的な教育をやってるのではなくて、私立学校も公教育としてやってるんだ。そこで宗教教育を認めたのは、その宗教教育に公共性があると認めたからその宗教教育を認めているのであってね。したがって、第八九条の下で私学に補助金を出すのはまったく問題なく合憲である。

小山　そこで次に、杉原先生がしきりに言っておられる、地域の秋祭りができないというのは？

杉原　宮澤のような解釈をすると、第八九条で秋祭りの説明ができないんですよ。神社がお祭りの時に公の道路を使っていいんですかという質問が憲法学としては当然出てきますね。だけど憲法学者として宮澤は卑怯なんですね。この問題の存在には気がつかないふりをするんです。つまり、何も言及していない、書かない、書いていない。自分の政教分離の考え方で説明できないところは、気がつかない振りをして黙っている。これで歴とした憲法学者と言えるでしょうかね。

小山　「日本国憲法」をＧＨＱが作った時は、神道をぶっ潰そうと思ってたんじゃないですか？

杉原　いやいや、それはＧＨＱを悪く見すぎている。占領軍は近代国家の宗教の在り方として、最低限には公正な態度を維持した。つまりね、占領軍は国家護持のない、まさに私的な宗教として神道の存在することは否定しなかった。結果として、第八九条でもって神社の主宰する秋祭りを禁止することはしなかった、となるわけだ。

小山　そう言えば、そうですよね。

杉原　ということは、秋祭りは第八九条に抵触しないということになる。そう解釈するのが正しい解釈だということになる。宮澤俊義は宗教とは何か、政教分離とは何か、がまったく分かっていない。これは結局、宗教とは何か分からなかったということを意味する。これで権威ある憲法学者として務まっていたんだからね。憲法学者として能力が低かったということになる。

小山　宮澤に相変わらず厳しいね。それでいうと、日本の国内ではあちこちで、政教分離につき、間違った解釈が行われているということになるね。

杉原　もともとそういうふうに、今の憲法学者はこの第八九条で、どうして秋祭りができるかということを、きちんと説明すべきなんです。

小山　事実の規範力というのがありますからね。事実が長いこと続けば、ある種の効力が生じる……

杉原　いやいや、そうではありません。宗教には祭祀という公の性質を持った重要な行為があるんです。宗教は全体的には私的なものとして包括されていなければなりません。しかしその中には狭い意味の信者に限定しないで、社会に開かれている「祭祀」というものがあります。その全体としては私的なものでありながら、「祭祀」には一定程度に公共性があります。その公共性のある部分の「祭祀」に対して一定の特別な扱いをしなければ、宗教に対する正しい対応にはならないんです。憲法は「祭祀」に正当な位置を与えておかなければならないんです。それゆえに秋祭りは憲法ができた時からやっており、占領軍もその祭祀を認めていたんですよ。

小山　そうだよね。

杉原　つまりは、憲法ができた時から、秋祭りを大道で行うのは合憲なんです。

もう一度、整理して言わせてもらうね。そういうお祭りというものは広くいえば宗教であるけど、一定の信者だけが参加する行事ではなくて、誰でも参加できるわけでしょう。つまり、祭祀は宗教行事であっても、そこには公共性がある。この公共性をきちんと認めなければ正しい政教分離の考え方、解釈は出てこない。

例えば、公葬でも私的な葬儀でもいいんだけど、通常は葬儀は原則として何々宗の宗派の聖職者が来て、その宗派の儀式でやってるわけでしょう。けれども、それはその信者だけしか参加できないものではない。公に公開しているわけでしょう。ですから、宗教の中で「祭祀」というもの、儀式というものは公共性を持ってるものがある。全体としては「私」だけどね。その「私」の中での公共性ですね。ですから、戦後、政教分離で神道は宗教であるという断定を受けたけども、その中の「祭祀」に関係した部分は公共性を持ってるということね。そのことを憲法ができた時から前提にしているということね。

小山　確か、昭和五十二年に地鎮祭は合憲だという最高裁判決がありましたよね。

杉原　公の建物を建てる時に神主を招いて地鎮祭をするでしょう。地鎮祭に市からお金を出す時に、私的な宗教行事に対して公金を出したというのでね。

小山　裁判になったんですね。

杉原　最高裁は「目的効果基準」というやり方で合憲とした。つまり、地鎮祭は、「習慣化した社会的儀礼を行うという、極めて世俗的な目的による」として、その目的と効果から見て、憲法第八九条に禁止する宗教的な活動ではない、とした。

私から言わせると、「目的効果基準」は政教分離、つまり「国家と宗教の分離の論」としては不十分な考え方です。「目的効果基準」では、合憲と違憲の切れ目が分からないわけです。どこから合憲であり、どこから違憲なのか、その境が分からない。しかし私は「祭祀」というものは、これに強制的に参加させなければ、これは公共性があるんだから公的にやっていいんだと。宗教というものは祭祀におけるその公共性を認めない限り、結局、宗教を社会的に弾圧することになる。

小山　強制的に参加させない限り、合憲だということになる。

杉原　そうそう。現行憲法では、祭祀であっても、それを宗教と見る自由を個人に与えた。だから参加を強制することはできない。第二〇条のことね。ここでも読者に分かりやすくするため、条文を掲げておくね。

第二〇条　信教の自由は、何人に対してもこれを保障する。いかなる宗教団体も、国から特権を受け、又は政治上の権力を行使してはならない。

2　何人も、宗教上の行為、祝典、儀式又は行事に参加することを強制されない。

3　国及びその機関は、宗教教育その他いかなる宗教的活動もしてはならない。

読めば分かるように、祭祀に参加することを強制すると違憲になる。だから、仏教でやっている葬儀に対して、私はキリスト教だから行きませんという自由は与えておかなきゃいけない。けれども、主催する側は何々宗の人しか来ちゃいけませんとか、そういうことは言ってはいけない。そういう祭祀の公共性を、それを前提にして解釈を……。このことを先ほど紹介していただいた本で書いていています。

小山　でも、主催する側が、何々宗しか来てはいけませんというのは、構わないんじゃないですか、逆に言って。

杉原　その時には、今度はその宗派の閉じられた行事になるわけです。公共性のない宗派宗教内の行事になる。それには公費助成などできない。

小山　それはそうですね。

杉原　それで今回、そういうふうに政教分離を考えた時には、決して国家と宗教は喧嘩をしているわけではないということになる。

　だけど現実には、憲法学者や法制局がしっかりしていないから、まちがった解釈がなされて被害がたくさん出ているんです。今回、東日本大震災の時に壊れた家なんかに補助金が出たでしょう。その時、お寺だけは補助金が出ないとかね。

小山　ああ、そうか。そういう話はおかしいですね。

杉原　宗教施設だけが差別される。

小山　それは変な話ですね。

杉原　死んだ犠牲者のところに死者儀礼をしようとして僧侶が近づくと排除される。

小山　ええ？　そんなことがあるんですか？

杉原　それが結果的に、内閣法制局がきちんとした正しい解釈を持って指導していないからです。正しい解釈をし、正しい政教分離の考え方を持っていないから、そういう宮澤派の低次元の解釈になるわけです。

小山　政教分離の問題は真剣に考えてみなければならない問題だということですね。それで憲法改正としてはどう改正すればよいの？

杉原　先ほど紹介していただいた本に書いてあるけれど、宗教に関わる規定は現行どおりでよい。いじるとかえっておかしくなる。強いていうと「祭祀」という言葉をどこかに入れてよい。

問題はあくまでも正しい解釈をするかどうかだ。

つまりね、祭祀を中心にして政教分離とは何かを深めて考えてみるべきだね。政教分離の規定は極端に言えば現行のままでよい。文言外に、「祭祀」というものを置いているとして、当然の正しい考え方が導き出せるからだ。いじらない方がよい。今の条文は大道で祭りをすることを認めているから。

小山　なるほど。

杉原　ついでに言っておくけど、現行憲法には政教分離に関して直接には文言はないけれど、文化財保護という観点でも、必要な配慮が行われている。

ルーズベルトが生きていたとしたら、ルーズベルトの下での占領では、どうなったかは分からないけれども、実際に行われたアメリカ軍による日本占領では、文化財が壊されないように、散逸しないようにと、文化財の保護というものも配慮の中に入っていた。その意味では、アメリカ軍による占領はよくできていた。

そのため、特定宗派宗教の信仰の対象かどうかということには関わりなく、文化財として保護すべきものには保護するというのが文化財保護だよね。宗派宗教的なものであっても、文化財としての価値のあるものには、堂々と保護の手を差し伸べている。この文化財保護のことも、政教分離を考えるとき、忘れてはならない観点です。憲法には直接の文言はないけれど、政教分離に関わることとして文化財保護のこともあるんです。

小山　言われてみれば、そのとおりですね。

杉原　もっと厳密に言っておきますね。

刑法第一八八条に次のような条文があります。実質的に、明治四十一年、刑法が制定された時からある条文です。

（礼拝所不敬及び説教等妨害）

第一八八条①　神祠、仏堂、墓所その他礼拝所に対し、公然と不敬な行為をした者は、六月以下の懲役若しくは禁錮又は十万円以下の罰金に処する。

②　説教、礼拝又は葬式を妨害した者は、一年以下の懲役若しくは禁錮又は十万円以下の罰金に処する。

思い返してみれば、このような刑法の条文は、その宗派の宗教とは関わりなく、社会の宗教的なことの保護として、大切なことを規定している、と言えるね。実は、政教分離というのは、宗教に関わるこのようなことも考えの中に入れておかなければならないんだ。

小山　これも言われてみれば、そのとおりだね。

杉原　さらにもう一点言っておきたい。

現行民法の第三三条に次のような条文がある。これも実質的に民法が明治二十九年に制定された時からある条文。

（法人の成立等）
第三三条　法人は、この法律その他の法律の規定によらなければ、成立しない。
②　学術、技芸、慈善、祭祀、宗教その他の公益を目的とする法人、営利事業を営むことを目的とする法人その他の法人の設立、組織、運営及び管理については、この法律その他の法律の定めるところによる。

第二項には、宗教に関する法人も祭祀に関する法人も規定されていますね。宗教に関する法人は宗教法人法として、すでに制定され、整備されていますが、祭祀に関する法人について定めた法律がないんです。しかし、広い意味では宗教に入ると言っていいけれど、祭祀には一定の公共性がある。その祭祀については法整備がなされていないんですね。法治主義の社会で、必要とされる祭祀に関わる法人が整備されていないというのは、本来、大問題なんですね。

これがどこに飛火するかというと、国のために死んだ人を祀る靖国神社が、その公共性を何ら保護していない宗教法人で維持されているという問題につながる。つまり、靖国神社は、たまたまの関係者の判断によって、国民の意思を何ら聞くこともなく、閉鎖してよいという法的条件の下にある。だから、大きくは、宗教という私的なものだけれど、その公共性をそれなりに認めたところの祭祀法人の法整備がなされていなければならないということになる。

これは、現行憲法下で十分にできることであり、しなければならないことだよね。

法治主義というのは、単に法によって国を治めるという意味ではありません。三権分立にする等、一定の体制の下で、妥当な法によって治めるということです。祭祀法人に関わる法律がないという法治主義というのは、極端に言えば、裁判所を設置する法律がない法治主義のようなものです。

小山　面白いですね。確かに、靖国神社が一宗教法人であるというのは、国家論からしておかしいよね。

杉原　図々しいようでためらう気持ちがあるんですが、やはり紹介しておいた方がよいと思い紹介します。この政教分離の考え方については、私の『日本の神道・仏教と政教分離―そして宗教教育（増補版）』（文化書房博文社　二〇〇一年）、『理想の政教分離規定と憲法改正』（自由社　二〇一五年）に書いてあります。法関係、靖国を心配している方に読んでいただきたいですね。

小山　政教分離を正しく考えるということは大切なことなんですね。

天皇の祭祀についての公明党議員の貢献

杉原　そうです。祭祀のことについてはもう一言、言っておかなければならない重要なことがある。政教分離の正しい考え方は天皇の行う祭祀にも関係する。祭祀は広くは宗教の活動の中の一部ではあるけれども、社会的には、それを特出しておく必要がある。

現在、皇室の祭祀は内廷費から出ていることをもって、皇室経済法第四条第一項にある「内廷費として支出されたものは、御手元金となるものとし、宮内庁の経費に属する公金としない」との規定から、「皇室の私事」として扱われている。

我々が日本国憲法において、天皇を国家及び国民統合の象徴として仰ぐということは、その歴史性から「私事」として見ることはできない。「私事」とは単に「宮内庁の経費に属する公金」

ではないという意味で、便宜的に使っているのかもしれないが、歴史的に言われている「天皇に私なし」ということからも極めて不適切なネーミングである。せめて「内事」ぐらいのネーミングが必要であると思う。

天皇であることの根幹は、天皇の祭祀を執り行うことだよね。だとしたら、それは天皇の私的行為ではなく、国家的公共性のある特別な行為なんだ。「私的」というネーミングは明らかに不適切だね。

小山　平成二十八年八月八日の今上天皇の譲位を求められる言葉はよかったね。この問題は後ほど議論することになると思うけれど、今上天皇は宮中祭祀を「象徴」としての行為としてはっきり位置づけられていた。確かに宮中祭祀は杉原先生が言うように、天皇の最も重要な仕事であり、「私事」ではない。公民教科書の検定では「私事」だと言わせられたけど。

杉原　天皇の祭祀について、私の、人知れずこその小さな貢献について語っておきたいことがある。

小山　杉原先生がいつか言っていたあの大嘗祭の話ね。あれはぜひ語っておく必要がありますね。

杉原　そうです。今上天皇即位の最初の新嘗祭である大嘗祭についての話。現在、天皇の行為で、①国事行為、②公的行為、③その他の行為と分けたとき、宮中祭祀は、先ほどの言葉は使いたくないんだけれども、「私的なもの」とされているよね。しかしその中で大嘗祭だけは、国として関心を持ち、人的又は物的側面からその援助を行うのが相当と認められる側面を有するとして、国家から支援、援助を行っている。つまり大嘗祭という祭祀に国家が関わっている。従来のように宮中祭祀を「私的なもの」と言っているだけでは、この大嘗祭に国家は関われない。

つまり、祭祀は宗教として私的な性質を持っているけれど、同時にその他の宗教行為と比べて、一定の公共性を持っている。天皇の祭祀もそうです。天皇が象徴としてまさに国民のために宮中祭祀を厳粛に行っているわけですから、そこに公的国家的意味があります。その公的国家的側面を見れば、天皇即位のための祭祀である大嘗祭に国が関われないはずはない。

今上天皇の大嘗祭にあって、内閣はどのように対応すべきか、ずいぶん考えたようです。そのとき、私は内閣官房に意見具申に行ったんです。

小山　私は杉原先生から聞いて知っているけれど、どういうふうに行ったのか、ここで説明した方がよい。

杉原　あのとき、公明党の衆議院議員で鍛冶清氏という方がいて、その方と懇意にしていて、この人に取り次いでもらったんです。そうしたら官房副長官が出てきてくれたの。

小山　昭和から平成に切り替わるころの官房副長官は、確か石原信雄氏だよね。

杉原　そう、石原官房副長官。このとき、政教分離で、あれは宗教的行事だから国家的行事にしにくいというのが問題になったんですね。石原信雄氏の他に二人ほど法制局の人が出てきた。二人が質問して、石原氏は最初から最後まで目をつぶって、腕組みをして一言も発しないで聞いていた。大嘗祭は宗教的行事だということは言えるけれども、しかしながら、だからといって国家と切り離しては、天皇を象徴にした現行憲法の厳粛な意味が損なわれる、と。宗教的なところを支援するのではなくて、天皇が新しく就任するという、践祚するということの国家的重要性が象徴天皇として存在するんだから、そこに国家の公式行事として取り行うことができるんだと。法制局の人が、宗教性を否定するわけではないけれども、そこのところを支援する意味ではなくて、国家としての公的側面に注目して国家としての支援をするというふうに説明した。あれをもし私的にやっていたら、先例になってしまい、憲法の本当の解釈にはならなくなる。政教分離を誤って解釈することになり、宗教の否定にもなるんですよ。宗教はまったく私的な公共性のないものだという扱いになる。それでは宗教の社会的役割を全て否定したことになる。

小山　祭祀には確かに公共性がある。でもよく公明党の人が取り次いでくれましたね。

杉原　小山先生がそう言うなら私は言いますけれども、この時の公明党の議員さんは、私が何を法制局の人に言うか知っていて取り次がれた。公明党のバックは創価学会ですよね。創価学会は日蓮宗の信仰集団です。

その日蓮の教えには、護国の精神が籠っています。だとしたら、このとき、日蓮宗として「護国の精神」が出たのです。公明党もこのとき、日蓮宗は護国の宗教だという自覚の下に行動したことになります。だから公明党の人に言いたいんだけれど、公明党として政策に関わるときには、目先のことだけで判断しないで、悠久の日本の歴史を回顧して、そこから何が正しいかを考えて、政治判断をするようにしてほしいですね。

ともあれ、このとき、内閣官房に意見具申できたのは公明党のお陰です。内閣法制局も、私と同じような見解に近づいていたかもしれませんが、公明党を介してこのような意見具申があったので、恐らく安心できたのでしょう。ほぼ意見具申のとおりに説明していました。

もっとも当時は厳しく口外しないよう口止めさせられましたが、時間が経ちました。よいことだから公表してよいでしょう。
天皇と祭祀の問題で、もう一言、言っておきたい。実質的には先ほど言ったことと重なるんだけど、このように祭祀をつかさどってきた天皇を、日本国家、及び日本国民の統合の象徴として迎え入れているのだから、あるいは国民の一人を天皇として崇めているのだから、そのことを第一条に設けている日本国憲法は、やはり大日本帝国憲法に最も近づけて解釈するのが最も正しい解釈だということになる。
繰り返すけれど、宮澤俊義の憲法解釈は、憲法学になっていないのね（笑）。

小山　また、出た！

現行憲法第三八条と刑事訴訟法の問題

杉原　話を展開させます。次に提起するのは憲法第三八条に基づく、刑事訴訟法の問題です。この問題を指摘した法学者はいないので、小山先生にもきちんと聞いてほしい。

小山　「日本国憲法」第三八条にどんな問題があるんですか。

杉原　憲法第三八条第一項には条文として「何人も、自己に不利益な供述を強要されない」とありますね。これがいわゆる黙秘権ですね。これが認められなければ、容疑者の取り調べでいわゆる自白を強要することが起きる。そうすれば拷問が起きて、嘘の自白がなされるようになる。そこで、罪を犯した者に黙秘権は認められなければならない、ということになる。

小山　それで何が問題になるんですか。

杉原　だけど、罪を犯した者に犯罪を隠す権利はありませんよね。このような犯罪を隠す権利を人権として認めることができますか。

小山　犯罪を隠す権利？　考えたことなかったけれど、うーん、そりゃ認められないよね。

杉原　ということは、黙秘権というのは、自白を強要しないという目的の範囲内で限定的に解釈しなければならない。つまり、黙秘権は、犯罪者に犯罪を隠す権利として与えているものではないということ。黙秘権は犯罪者に犯罪を隠す権利はないということを前提にして適用しなければならないということです。

小山　具体的には何を言いたいんですか？

杉原　つまり、黙秘権によって黙秘した部分については、警察や検察によって、「推定の自由」が許されなければならないということです。つまり黙秘している部分においてどういうことがありえたか、それを捜査する側が推定する自由ですよ。もちろん勝手な推定は許されてはなりませんから、推定した内容は犯罪者に示し、それで犯罪者が否定しなければ、裁判所において、その推定を明示し、判決が固まればそれは事実として見なすことができることができるようにすべきですね。

小山　それでどういう意味があると言うんですか？

杉原　例えば、その一つが捜査する側の負担の軽減ですよ。現在の刑事訴訟法では黙秘権はあたかも犯罪を隠す権利であるかのように使われており、それでいて他方では厳密な証拠主義を取っている。

だから例えば、凶悪な殺人という事件が起きたとき、本人が凶器の捨てた場所を自白しないため、何百人という警察官が川や池をさらって証拠を探そうとしているシーンはよくテレビで見ます。このとき、我々納税者として気づいておかなければならないのは、あれだけの大規模な捜査の作業の過程で、何百万円、何千万円、場合によっては何億円という税金が使われているということです。犯罪者が証拠の存在場所を最初から素直に自白すれば捜査費をかけなくてもすむようになります。それは、単に捜査費用の面から問題があるだけではありません。大量の警察関係者の動員によって、その間、どれだけ多くの他の犯罪が捜査されないで放置されたままになっているかということも考えなければなりません。

犯罪者はもともと罪を犯してはならないのに、罪を犯してしまったわけですから、本来犯罪捜査に協力すべき立場にあります。犯罪者には犯罪を隠す権利はないという前提で、犯罪捜査が行われるものでなければならない。犯罪捜査にあってはそのことが十分に前提となっていなければならない。

この憲法の規定が乱用されてこんな例がある。第三八条の黙秘権をそのまま文字どおり解釈すれば、犯人が現行犯で逮捕されたとき、氏名・住所などいわゆる人別事項も隠してよいことになるよね。しかしそんなことを許せば、警察に膨大な負担がかかる。さすがにこの解釈は昭和三十二年に最高裁で否定された。

さらにこんな例もある。実際の例です。自動車事故を起こし、重傷を負わせた犯人が被害者を放置し、警察署に事故報告をせずに逃走した。被害者は、その報告をしなかったために死ななくてすんだのに死んでしまうこともありうる。この場合は、三時間後に死亡したという実際にあった事件です。この事件は、昭和三十五年に起こった事件で、人を轢いたその犯人は、自己の不利益になることを報告する義務はないと、この憲法の条文を使って主張した。第一審では、事故を起こしたこと自体を重過失致死、そしてさらに報告義務に違反したことを「道路交通取締法施行令」第六七条違反とし、両者を併合罪として判決を下しました。

当然ですよね。そう思いませんか。

小山　第三八条の条文に、そういう問題があるわけですか。

杉原　この憲法を、もし日本側が自主的に作ったものであれば、この条文の反面の問題も十分に認識できたはず。そうだとすれば、刑事訴訟法においてもそのことが密接に考慮された規定ができていたはずですね。押しつけ憲法だから、「推定」など考慮されず文言どおりの解釈が適用されることになった。

小山　公民教科書の代表執筆者として、そのことを公民教科書に書きますか？

杉原　それは中学校段階の教科書ではやはり無理でしょう。中学校の公民教科書にそこまで微に入った問題は扱えません。でも、大学の法学部の授業ではそのことは十分に説明されておくべきですね。自然法から当然言えることですが、日本の文化という観点からも大切なことを言っていると思います。この黙秘権の問題は、日本文化の変質に大きく影響していることを指摘しておきたいです。

昭和三十八年、東京台東区で当時四歳の吉展ちゃんという幼児が誘拐され、殺害される事件があった。迷宮入りになりかけたこの事件は、刑事の執念の捜査によって逮捕され、最後に死刑となるのだけど、このとき、この犯人の母親は罪を犯した子供を不憫に思いながらも、刑を受けるべきだと言い、「真人間になって生まれ直してこい」と叫んだ。本人も死刑になる前に看守に「真人間になった」と言って死刑の刑を受けた。

明治時代活躍した帰化人小泉八雲に「こころ」という作品がある。その中にあるのだけれど、犯罪者が警官を振り切って逃げようとして警官を殺してしまった。その犯人が捕まったとき、その犯人は衆人の見守る中で、その殺されてしまった警官の幼い子供に向かって、警官である親を殺すつもりはなかったけれど逃げようとして殺してしまったとして、涙を流して詫び、衆人ももらい泣きした話が載っている。

今どき、犯罪者が逮捕されたとき、このような情景はあるでしょうか。

もちろん、近代国家として、犯罪者を拷問にかけるべきではない。しかし犯罪者に犯罪を隠す権利はないということがもう少し考慮されながら犯罪捜査が行われてよいのではないか。

小山　言えば、言えなくはないですね。

杉原　要するに、現在の刑事訴訟法では、罪を犯しても捕まらなければいいんだよ。もっと言って、罪を犯しても、証拠がなければいいんだよ、証拠を残さなければ罪を犯してよいんだとね、大袈裟に言えばこういうことになる。

小山　冤罪が起こらないように万全の配慮をした上でのことだけどね。

現行憲法第二四条と家族の問題

杉原　現行憲法に家族の規定がないのも問題ですよね。

小山　左翼的な文書であるといってもよい世界人権宣言でさえも、その第一六条第三項で「家庭は、社会の自然かつ基礎的な集団単位であって、社会及び国の保護を受ける権利を有する」と規定しています。人権宣言が言うように、家族は社会の基礎的な単位ですから、公民教育の中で家族論を教える必要があります。ところが、現在の公民教科書では、家族論を展開しないのが多数派になりつつあります。とんでもないことですが、その背景には、「日本国憲法」に家族尊重の規定がないことが指摘されます。そういう反省からか、自民党の憲法改正案には家族尊重の規定が置かれていますね。

杉原　第二四条の婚姻の条文は、家族の規定の欠如とともに、戦前の「家」制度の破壊を目指している。家族も、婚姻も徹底した個人主義でできている。確かに家長を置かないで、対等な夫婦を基礎単位として家庭を作るというのも、支持できる考え方といえなくはない。この原則が占領軍によって強制的に押しつけられたとしても、国民の側にそれほど大きな抵抗感はなかった。

しかし、やはりこの憲法が、日本側で深く検討されてできたものでないだけに、改正後の反面の悪しき影響について十分に検討されないで、家族の大切さを謳う規定の欠如とともに、民法で、その行き過ぎの規定がそのままになっている。

小山　「日本国憲法」における家族の大切さを謳う条文の欠如はともかく、杉原先生に聞いたことはあるけれど、民法の行き過ぎの規定とはどういうことか、もう一度言ってください。

杉原　例えば、早くに妻を亡くした高齢の男性がある女性と結婚したとしよう。この高齢の男性がその後妻より先に死亡したとしよう。そのとき、今の民法では死んだ男性の子供との関係ではその男性の財産の半分は後妻のものとなる。死んだ男性の兄弟姉妹と後妻との関係では、その男性の財産の四分の三が後妻のものとなる。町工場など亡き夫の財産は亡き夫の実子とともに努力して築いた財産である場合が多い。その場合でも、名義上その工場の財産が実子にはなく、その高齢の男性のものになっていたら、工場の財産は半分が工場の財産の形成に何の貢献もしていない後妻のものになる。この矛盾は大きい。

こんな例もある。ある男性が、妻が死亡し、多くの子供が残った場合、後妻と再婚するね。そうして結婚した場合、民法ではその継母に親権はなく、後妻にとっては継子は単に同居人にしか位置付かない。そして後妻の方が先に死亡すれば、それほど大きな問題は起こらないけれども、もし後妻より早く夫の男性が亡くなった場合、その男性の財産の半分は後妻に移り、その後妻が亡くなると、その財産は後妻の生んだ子供にだけ移る。その際、継母と継子が営々と努力して築いた親子の関係、つまり家族として作り上げた関係が一顧だにされない。継母と継子は最初から最後まで同居人にすぎない。これはやはり家族を尊重するという立場から深刻な問題だ。

これは憲法が直接そのようにしたというよりも、その憲法の下で作った民法が悪い。この憲法の下でもよい民法が作れるのに作らない。

小山　そう言えば、杉原先生は戸籍で「平田」姓となっているそうですが、こうなった経緯も民法に問題があるからだとうかがったことがある。

杉原　そう。私の場合どうして戸籍上「平田」姓かと言うと、こんな経緯なんです。ある老夫妻がいてね、「平田」という姓だった。私どもにそっくり養子に来てほしかったらしいけれど、それは無理なので、私の息子を養子にしたいということになった。そのように話がまとまって、家庭裁判所に相談に行ったら、人身売買の虞れがあるとして、本人が高校生以上になって本人が養子になることを受け入れる意思表示をしたら養子縁組を認めるという判断を下した。外形から見れば、人身売買の気配はどう見てもないのに、そういう判断をした。でも、いちおう本人の意志を尊重するということで、ここまではよいとしましょう。

しかし、その老夫妻はともに、息子が高校生になる前に亡くなったんです。そうすると「平田」のその家はなくなるんです。私の子供に財産の贈与が行われ、子供は祭祀も引き継ぐことになったんですね。しかし本人が高校生になったとき、「平田」の家名を引き継ぐ意志を明示しても、今の民法ではいったん消えた「平田」の姓を復興することができないんですね。慌てた私ども夫婦は、同じ檀家寺で「平田」の姓の人を探した。そうすると、病院に入院している「平田」という姓の老婦人がおられた。そこに子供が養子縁組できればよいのだけど、子供だから養子縁組はできません。そこで、私と妻の二人でそこに養子縁組をして「平田」の姓を引き継ぎ、子供も「平田」の姓にした。そうしなければ他に「平田」の姓を復活する方法がなかった。要するに、私ども夫婦がその婦人にお願いして、亡くなる前に私ども夫婦と養子縁組をし、その亡くなる人の「平田」の姓を継承して、そして養子となるはずだった息子の姓を「平田」としたのです。
　養子縁組をする約束をしながら早く亡くなる例は必ずありますよね。しかし現在の制度では、いったん亡くなると、その「姓」を興すことができない。つまりね、現在の民法は「家」を潰すという方向で強く機能し、自主的意志に基づいて家を守るという方途を閉ざしている。これがいまなお続いている。法務省の役人が日本の文化や日本の家族について、正しく見ていないということなんだね。

小山　なるほど、それで杉原先生の戸籍名は「平田」というんですか。

杉原　これも、憲法が日本人の検討を経ないで、押し付けられてできたからということになるのだけれど、戦後七十年、民法がそのような一方的方向で作られ、運用されるのは問題だね。現行憲法の条文の下でも、このような「家」のことを配慮した民法は難なく容易に改正できるのだから、そのように民法を改正しておく必要があると思う。

小山　これらの問題は、たとえこの憲法が押し付け憲法であったとしても、この憲法がそれこそ〝施行〟されてから七十年近くなろうとするのに、まだ押し付けた占領軍の意向の下に運用している。その点で、その原点を作った宮澤俊義の罪も大きいけれど、それをそのまま受けて、公務員試験等で拡散した内閣法制局及び法務省など、日本の政府の責任は大きい。そしてそれを追認してきた自民党の責任も大きい。政府ごと、日本は、悪しき「憲法」下に入ってしまった。先ほど述べたように、昭和三十二年に設置された憲法調査会で、事実認識としては「憲法」成立段階では無効かも知れないと捉えながら、適正な対応をしなかった中曽根康弘氏らの責任は大きい。敗戦に対する対応が劣悪だったということだね。

杉原 そうとも言えるけれども、現行憲法下でも、法関係者が日本らしいよい家庭を築けるようにしようと思えば、すぐにできるのが民法の改正です。それをせず、占領期の延長のままに、善意の意志の個人を奈落の底に落としている。やはり、現在の法務省を初めとする法関係者、そして政治家の自覚を求めたいですね。後妻に入ったとき、先妻の子供を、単なる同居人扱いにするのはひどすぎる。

小山 法関係者の、法とは何かという、本当の意味での法に対する理解が浅いのだ、と言ってよいよね。

内閣法制局は国家とは何かを考えて責任感あふれる解釈を

杉原　この現行憲法の解釈の問題を閉じるに当たって、もう一点指摘しておきたいことがある。平成二十六（二〇一四）年七月、集団的自衛権行使容認の憲法解釈変更の閣議決定が行われ、平成二十七年九月それを受けて安全保障関連法が成立した。

この憲法解釈の変更について、内閣法制局は、どのような対応というか、態度を取っていたか。内閣法制局としては、憲法を改正しなければできないことを解釈変更で行う、いわゆる「解釈改憲」をしたことは口が裂けても言えないよね。そこで、本当は「解釈改憲」をしたと言った方が簡単なんだけど、ともあれ、そうは言わない。内閣法制局としては、①今回容認した限定的集団的自衛権の行使はやむをえない自衛の措置であり、②従来の政府の解釈との論理的整合性は保たれており、③憲法改正しなければできないような解釈の変更ではない、とした。無理ながらに強いていえば、内閣法制局のこの対応は正しいといえる。

小山　だけど、この解釈を変えるまでの歴代の法制局長官の抵抗はひどかった。「日本国憲法」第九条の問題は、日本の安全をいかにして保障するかの問題なのに、歴代の法制局長官は、その本質の問題は別の人が検討すべきだと言って、日本の安全の問題は全く無視して、文言の解釈にばかり走った。これでは内閣法制局長官の役割は果たせない。文言がどういう意味を持っているかについて、文言ばかりから発想していたけれど、文理解釈だけならば、法制局長官は要らない。国語学者に頼めばよい。本当に日本の憲法学の水準は低いと思った。低く貶めているのは、内閣法制局だよね。

杉原　その解釈、元はといえば、吉田茂のでたらめな解釈を起源としているのに、その劣悪な解釈を元にして、それを金科玉条に墨守しているからだ。

この対談で二人とも触れているように、憲法改正の帝国議会では政府は過去との一貫性を強調し、国体は本質的には変更されていないと言っているのだから、その原点に立って、大日本帝国憲法の改正手続きを曲がりなりにとったことに鑑みて、大日本帝国憲法からあまりにも乖離した解釈は正しくないとして、是正していくべきだね。内閣法制局はまさにその責任がある。

第四章

現行憲法でよくなっているところ

基本的人権について

杉原　次に、憲法改正論ではあまり取り上げられたことはないけれども、我々公民教科書代表執筆者として、たとえ押し付け憲法であっても、内容の上で、現行憲法は、大日本帝国憲法より優れたところがあるということについても、言及しておきましょうよ。公民教科書の代表執筆者としては、この点も言及しておくべきですよ。率直に言って今の憲法の方が、明治憲法よりよくなってるところが多々あるでしょう。

小山　よくなってるというか。

杉原　内閣での総理大臣の主導性を強化した内閣制度とか、最低限の生活を保障するという第二五条の福祉国家の条文とか。

小山　でも、第二五条は要するに、社会の富の発展に応じた規定ともいえ、日本が経済的に明治時代より発展したわけだから、その点では当然に出てくる規定と言えますよね。

杉原　現実との問題はいろいろ問題がある。大日本帝国憲法を制定した明治期には作ろうにも作れない条文であるとしても、あの条文によってやっぱり、国民に向かって自力更生だけの論ではなく、福祉国家を目指す契機になったわけでしょう。この福祉国家を目指すというのは、二〇世紀中葉で、世界全体から見たらちょっとした流れだったからね。そういう流れであれば、あの条文も、なくてよい条文だとは言えないね。

しかし私はそうは言っても、人権が憲法で強まったという一般受けする現行憲法への評価は、へそ曲がりかもしれないけれど、私は反対なんですね。基本的人権は明治憲法の時に書いてある。少なくとも自由権はきちんと書いてある。明治の初年、憲法が論じられ始めた当初から、基本的人権は憲法の重要な眼目だった。憲法である以上、大日本帝国憲法でも、基本的人権は尊重していた。

小山　基本的人権が強化されたというのはそんなに簡単に否定はできないでしょう。人権が充実したというのは、やはり言えますよ。

杉原　私はね、少なくとも自由権では同じだと思う。

小山　「同じだ」と、あえて言うのであるならば、それはそれで分かるんだけど……。

杉原　宗教についてよく言うんだけど、明治憲法の場合は「日本臣民ハ安寧秩序ヲ妨ケス及ビ臣民タルノ義務ニ背カサル限ニ於テ信教ノ自由ヲ有ス」となっているけれど、「臣民」を「国民」として考えれば、信教の自由に関する当然のことを規定していると思う。信教の自由は私から言わせれば現行の憲法の第二〇条第一項にある「信教の自由は、何人に対してもこれを保障する」と同じ。通常の憲法学者は明治憲法では信教の自由に安寧秩序を妨げる国民の義務に背かない限りという制限を課していたと言うんだけど、じゃあ今の信仰の自由で安寧秩序を壊して、あるいは国民の義務に背いて信仰の自由があるんですかと。

小山　ないですね。

杉原　あのサリンを撒いたオウム真理教の事件があるじゃないですか。安寧秩序を壊したから、教祖の麻原彰晃は逮捕されたではありませんか。

小山　オウム真理教の件は例としては適当ではないと思うが、安寧秩序という制限はちゃんとありますよね。

杉原　だから、信教の自由といっても、安寧秩序を妨げず、国民の義務を果たした上のものだというのは、当然のことで、これは「制限」に入らないというわけです。

小山　でもね、大日本帝国憲法下では、原則として私立学校で宗教教育できなかった……。

杉原　そう、確かに戦前は明治三十二年、私立学校令が公布された際に、文部省から訓令が出て、私立学校であっても教科としての宗教教育はできないことになった。

しかしこれは明治憲法の運用の問題であって、憲法の条文の問題ではない。厳密には私立学校で、宗教教育を許さないというのは明治憲法下であっても、あるべき信教の自由から逸脱しており、よくないと言える。明治憲法違反であると、あえて言えば言えるね。

小山　神道は？

杉原　神道の問題は少し難しいよね。日本には大和朝廷が開闢《かいびゃく》以来存在し、その大和朝廷を主宰する天皇は、宮中で厳粛に神道に基づく祭祀を行い、それゆえ全国の神社が寄る辺とする神道の祭主ともいえるわけね。だから明治憲法下で、神道は宗教にあらずとして、特別な地位を与えたのには一理あったと思う。つまりね、日本人の共通の生活様式であり、心の表現方式であり、あえていえば日本人の哲学であり、したがって宗教ではない、という考え方もある。だけど、その祈りの形式を見て、やはり宗教の中に入れるのは仕方がない。それだけに、先ほど話し合ったように、仏教の場合も含めて祭祀の特性、公共性を押さえておかなければならない。

信教の自由、つまり信仰の自由を、キリスト教を始め、世界のいろいろな宗教を前提において考えなければならなくなった近代国家において、神道は一宗教であるとする、つまり、神道も信仰の自由対象であるとする現在のやり方もやむをえない、といえるでしょう。

第三章で話し合ったように、「祭祀」というものを正しく理解すれば、むしろ神道も一宗教と見る国民の自由は認めておくべきだということになる。

小山　そういうことになりますか。

内閣制度では現行憲法の方がはるかによい

杉原　それでは内閣制度の問題に入りましょう。これらの問題では、大日本帝国憲法より、現行憲法の方がはるかによくなったといえる。

小山　私は言っておきますが、よくなったというふうにはとらえていないですよ。

杉原　だけど、第六八条の国務大臣の任免権など、総理大臣の内閣での主導性がはっきりして、内閣の制度は確かによくなったんですよ。

小山　いや、だから発展系でしかないんですよ。明治の帝国憲法がそのまま発展していけばこうなっただろう、としてよくなった部分はたくさんあるわけです。内閣総理大臣の衆議院解散権の問題も、よく見れば、実際には帝国憲法第七条（天皇の解散権）と第五五条（大臣責任）で解散権はあったわけだしね。それから、内閣のやり方も憲法上はバラバラだけれども、内閣官制上は統一されているわけですね。それをちゃんと「内閣官制」で書かれていることを、「憲法」に格上げしたという面はあるわけで。例えば内閣官制第二条は「内閣總理大臣ハ各大臣ノ首班トシテ……行政各部ノ統一ヲ保持ス」と書いているわけですね。この内容が、戦後の「日本国憲法」第六六条第一項の「首長たる内閣総理大臣」とか、第七二条の「内閣総理大臣は……行政各部を指揮監督す」といった規定につながっていくんですね。

ですから、それは発展系なんですよ。だから根本的に変えたというわけじゃなくて。また、条文で決めるよりは、ある意味では慣習上決まった方が強いんですね。戦争というものがなくて、大正デモクラシー以降、順調に立憲主義というか民主主義が発達していれば、かなり現実に実現できていたと思うんですね。「日本国憲法」についてよくなった面というのはそういうことだと思う。

杉原　いや、「解散権」のことで言うとね、現行憲法で第七条第三号の「衆議院を解散すること」という規定を使って、衆議院に対する任意の解散権があるとして、これがしばしば適用されて、衆議院が解散させられる。特に理由がなくても解散させられるというのは、ほんらいこの憲法が予定したのではなかったと思う。これはあくまでも第六九条の内閣不信任決議が可決された場合の国事行為として規定されている解散のことだと思う。吉田茂が、自分に都合よく解散したのでこの天皇の国事行為の規定でしかないこの第七条の規定を使って、任意に行える解散権があるとして解散を強行した。あまりにもご都合主義で勝手な解釈であるけれども、だけどね、吉田のこの解釈によって、内閣総理大臣の議会に対する牽制力は強くなり、その結果、内閣総理大臣の主宰する内閣の議会に対する主導権が明確になり、その結果、三権分立のバランスがよくなり、結果としては政治の安定につながった。

小山　確かに、三権分立のバランスが良くなったと言えると思う。しかし、吉田は、自分に都合よく解散したというよりも、帝国憲法下の「憲政の常道」を守ったのだと思う。そもそも、衆議院で不信任決議が通れば、内閣は総辞職するか解散するという慣例は帝国憲法下ですでに成立していたとも捉えられるし、その慣例を表現したものが「日本国憲法」第六九条だといえる。そして、それ以外にも、すでに、帝国憲法第七条の天皇による解散の規定を根拠に、重要な政治上の問題で議会と政府が対立した時に国民の信を問うために解散が行われていたんですね。この第二のタイプの解散も必要だと吉田は考えたわけですよ。戦前の議会政治を経験してきた政治家や官僚にとっては当たり前のことだったんですよ。だから、「日本国憲法」第七条に目をつけたんですね。ＧＨＱの人たちよりも、吉田の方が、議会政治についてははるかにプロだったわけですよ。

杉原　ということは、やはりＧＨＱは第七条の解散は第六九条に基づく解散しか考えていなかったということでは……。政治の安定ということで、図らずも吉田は貢献した。だけど吉田茂のでたらめぶりと呼応して、もう一つ言っておきたいことがある。

昭和二十九年、造船疑獄事件が起こったとき、後に総理になる佐藤栄作が関係し、これに検察の手が伸びようとしていた。このとき、吉田茂首相は法務大臣を使って、強制捜査を中止させたことがある。いわゆる法務大臣の指揮権発動ね。

これは法務大臣の政治的判断によって、捜査を中止させることだから、通常では許されないことだよね。しかし、場合によっては、政治の安定の方がそれ以上に大切だという時もある。それに該当するかどうかはともかく、吉田はこれを使った。おかげで佐藤は逮捕されず、後に総理大臣にまでなった。

小山　運が強かったね（笑）。

杉原　しかしね、政治というものは、安定すること自体にとても重要な意味がある時がある。場合によって捜査における政治の介入はあってよいというよりほかはない。もっともそれは選挙において国民の厳しい批判にさらされることを覚悟しておかなければならないけれどね。だけど、政治の状況から捜査を止めさせなければならない時がある。

ところでね、韓国では憲法裁判所が開かれて、朴槿恵大統領は罷免されたよね。私はこの憲法裁判所というものを非常に大きく疑問に思っている。裁判で、政治の在り方を問うなんて三権分立を正しく理解していないんだよね。こんな裁判をしているとき、北朝鮮の金正恩が攻めてきたらどうするの？　行政のトップはつねにどのようなことが起こっても対処できるようにしておかなければならないのに、裁判で大統領の権限の行使が正しい行使だったか正しくない行使だったかを審査するというのは、根本からおかしいよね。政治の安定を損ないすぎて国民のためになっていない。

政治の安定がいかに大切か。大統領の権限行使は国民の目によって監視されるべきものであって、裁判の審査によって監視されるべきものではない。

その点では、日本の最高裁が、昭和三十四年、日米安保条約は、戦争を放棄し一切の軍備を廃止した日本国憲法第九条に反するとする訴えに対し、このような高度な政治問題は、国民に対して政治的責任を負う政府、国会等の判断に属し、たとえそれが法律問題として有効無効の法律判断を下すことが可能であっても、純司法的機能を使命とする司法裁判所の審査には原則として服さないものと解する、という判決を下した。極めて賢明な判決だよね（昭和三十四年十二月十六日砂川事件最高裁判決）。

伊藤博文は大日本帝国憲法を私物化した？

小山　韓国の政治の問題にまで至って、話が脇道に逸れすぎているんじゃない？　それより、今まで何度も聞いたけれども、杉原先生がよく言っていた、大日本帝国憲法の内閣の規定が簡潔に過ぎるという問題について話してくださいよ。

杉原　そうですね。大日本帝国憲法では、内閣について二条しか条文がないですね。このうち一つは枢密院に関する規定だから、実質的には一条しかないんですね。

読者のため、実際の条文を示しておくね。大日本帝国憲法では、第四章を「国務大臣及枢密顧問」として、次のように規定している。

第五五条　国務各大臣ハ天皇ヲ輔弼シ其ノ責ニ任ス

凡テ法律勅令其ノ他国務ニ関スル詔勅ハ国務大臣ノ副署ヲ要ス

第五六条　枢密顧問ハ枢密院官制ノ定ムル所ニ依リ天皇の諮詢ニ応ヘ重要ノ国務ヲ審議ス

第五六条はまさに枢密院の規定であり、内閣については第五五条だけとなり、しかもそれは「国務大臣」として規定してあり、結果的にいえば「内閣」に関することはいっさい規定がないということにもなる。このことにより、内閣という組織があいまいになり、戦前の政治の混乱の決定的な原因になった。

小山　いわゆる統帥権の問題を言っているわけね。

杉原　そう。だけど統帥権だけの問題ではない。この統帥権の独立の問題も、内閣に必要な規定がなく、あいまいだったから出てきたものだよね。

小山　だけど、統帥権独立の問題は、本来憲法が予定していたものではない。

杉原　そう、だけどそういう問題になってしまった。それは内閣の規定が実質的に一条しかなく、内閣があまりにあいまいであったからだ。

小山　統帥権の問題は、もともとは軍人は政治に介入してはならないという意味であり、軍事は政治とは別だとして規定したものだ。だから戦前の軍人は選挙権を持たなかった。

杉原　そう、だからよけいに、内閣の規定が二条しかなく、あいまいな内閣しか作らなかったということで、大日本帝国憲法は重大な欠陥があると思う。そのことがその後、戦争に突き進む大きな原因になったことで、私は大日本帝国憲法は「偉大なる失敗作」と呼んでいる。

小山　しかしそれは運用の問題であって……

杉原　いや、私は単に運用の問題としてとらえるのではなく、明治憲法を作った伊藤博文らに邪心があって、この脆弱な内閣制度は意図的に作ったもので、伊藤博文が意図的に作ったあいまいさだと思う。

小山　それは言い過ぎでしょう。

杉原　いや、明治の元勲として、いつまでも自分たちの発言力を残そうとして、わざと弱体の内閣を作ろうとしたからだと思う。

小山　どうしてそう思うの？

杉原　伊藤は確かに、明治政府の中で要所要所において、適切な判断をしている。その点で、極めて優れた政治家だ。その伊藤が、憲法を作るとき、内閣の条文が一条で足りるとは絶対に思うはずはない。内閣は弱体なものになるということは十分に分かっており、あえて弱体の内閣を作ったのだと思う。伊藤として、内閣を弱体なものにし、そこにいつまでも自分たち元勲の発言力を残そうとしたんだね。

その限りで、伊藤博文も徹底的に批判されなければならない。。

小山　そんなに悪く考えなければならないかなぁ？

杉原　面白い本がある。森岡清美という人が書いた『華族社会の「家」戦略』（吉川弘文館二〇〇二年）という本。

華族というのは明治二年に、公卿と大名をすぐには潰さないためにできた身分制度だ。明治という急激な近代化に向けての改革の中で、公卿と大名を篤く遇するこの制度は、この時期、政治の安定のためにどうしても必要だったと思う。それが明治十七年、その中でさらに細分化するために中国の古い周の制度に因んで、段階は分けて公、候、伯、子、男の五爵を定めることになった。このとき本来は古い名門にある者にあった華族制度であったのに、明治政府にとって偉勲、勲功のある者にも爵位が与えられることになった。

伊藤博文というのは、このときね、ほかの一一名の士族とともに、ほんらい名門の家の者に授けられる公、候、伯の爵位の中の伯爵になっている。

それればかりではない。日清戦争、日露戦争を経て、伊藤は山縣有朋とともに、最高の爵位である公爵となっている。これは旧藩主毛利公爵家と同位になったことになる。いかに勲功があるとしても、江戸時代からの流れからすれば、これは明らかに謙虚さを欠く。明治維新は、賊として死んだ者も含めて、多くの先輩の志士の犠牲の上に築かれたものだ。華族という制度は本来は近代化の過程で、旧家を遇するためにできたもので、勲功に対して授けられるべきものではなかったろう。

明治維新は当時の日本国民が総力を挙げて成し遂げた世界の奇跡だ。その日本国民全体でなしとげたものを伊藤らは、それを私物化したんだね。

宮崎正弘氏と高山正之氏の対談本『日本に外交はなかった』（自由社 二〇一六年）で高山氏が、明治政府自身がまともな指導者によってできたものではなかった、と言っているけれど、確かに一理あると思う。

長州が政権を握ったのだけれど、奇兵隊が中心で、足軽や小者上がりでろくな者がいなかった、伊藤博文、山県有朋、井上聞多らはそれで、汚職もすぐにした、彼らは根性において高邁なところがなかった、と高山氏は批判しているね。

小山　高山氏が本当にそう言っているの？

杉原　言っている。私は確かに当たっていると思う。それで、伊藤と明治憲法の話に戻すけれど、あれだけ見通すことのできる伊藤が、内閣について二条しか設けないとどうなるか、明らかに分かったはずだ。にもかかわらず、二条のままにしたのは、故意だったと思う。要するに、伊藤は憲法を私物化したんだね。

小山　いちおう、お聞きしておきましょう。

杉原　いや、「いちおう、お聞きしておきましょう」ではダメなんだ。私はずっと以前から明治憲法は、伊藤によって意図的に脆弱に作られたと思っていたんだけど、小山さんと対談するに当たって、何も調べないで、そういうことを言って、もし間違っていたら大変だと思って調べてきたんです。

もしかして、伊藤はまったく気がつかないだけで、そこには邪悪なところはなかったといえるのかもしれない、と。どうしてもこのような曖昧な規定にせざるをえない、やむをえない事情が別のところであったのか、と。

小山　それで調べてどうなりました？

杉原　やっぱり、そうでした。私、この小山先生との対談をするために、古本屋に高いお金を払って、稲田正次著『明治憲法成立史（上・下）』（有斐閣　一九六〇年）を購入して読んだんですね。

そうすると、一般に教科書で書かれている伊藤が憲法制定のために、ドイツに派遣されて、そこでドイツの憲法の優れたところに感銘して、大日本帝国憲法の骨格が固まった、というのも嘘ですね。

小山　どういうこと？

杉原　明治十五年、伊藤博文が勅令を受けて憲法調査のために渡欧したのは事実なんだけど、その時点で憲法研究はマッサラではなかった。相当に蓄積があった。

当時すでにいろいろなところから憲法案が出ており、いろいろ議論があって、その中で井上毅がね、イギリス流の議院内閣制を嫌い、ドイツのように皇帝が主導する内閣制度を構想するが、同じ考えを持っている伊藤博文に、憲法制度の仕事を独占させて、自分が主導するために、井上は勅令を得て、伊藤に渡欧させ、井上と伊藤で憲法制定の独占権を得たと言ってよいようだ。

第一ね、大日本帝国憲法と近似したものは、明治五年、当時の左院で検討されたものがあり、この時点ですでにできている。この初期の時点で、欧米の憲法に関する資料は翻訳され、できていたんだ。

小山　それで明治十五年こそは、と？

杉原　その前のことだが、明治八年に、わざわざ憲法制定の準備のために、元老院が設置される。伊藤の渡欧は、この元老院の憲法準備もご破算にすることになる。そして明治十五年ころはあちこちから意見が出ていて、イギリス流の議院内閣制の優れたところもいろいろ議論されているんですね。

小山　だけど、当時、ドイツの憲法も優れていると言われていたんじゃない？

杉原　イギリス流議院内閣制に対比して言われていたことは確かだ。だけど、私が伊藤がけしからないと思うのは彼が、明治十八年、内閣制度ができて初代の内閣総理大臣になるよね。このときは、内閣について、詳しい規定を設けている内閣職権という規定が定められた。念のために、ここに全文を掲げておくね。

内閣職権（明治十八年十二月二十二日）

第一条　内閣總理大臣ハ各大臣ノ首班トシテ機務ヲ奏宣シ旨ヲ承テ大政ノ方向ヲ指示シ行政各部ヲ統督ス

第二条　内閣總理大臣ハ行政各部ノ成績ヲ考ヘ其説明ヲ求メ及之ヲ檢明スルコトヲ得

第三条　内閣總理大臣ハ須要ト認ムルトキハ行政各部ノ處分又ハ命令ヲ停止セシメ親裁ヲ待ツコトヲ得

第四条　内閣總理大臣ハ各科法律起草委員ヲ監督ス

第五条　凡ソ法律命令ニハ内閣總理大臣之ニ副署シ其各省主任ノ事務に屬スルモノハ内閣總理大臣及主任大臣之ニ副署スヘシ

第六条　各省大臣ハ其主任ノ事務ニ付時々狀況ヲ内閣總理大臣ニ報告スヘシ但事ノ軍機ニ係リ參謀本部長ヨリ直ニ上奏スルモノト雖モ陸軍大臣ハ其事件ヲ内閣總理大臣ニ報告スヘシ

第七条　各大臣事故アルトキハ臨時命ヲ承テ他ノ大臣其事務ヲ管理スルコトアルヘシ

しかるに、大日本帝国憲法では、実質的に一条しか定めず、内閣を曖昧なものにした。先ほど小山さんが言ったように、この憲法ができると、この「内閣職権」に替わって「内閣官制」ができるんだけど、これがまったく弱い内閣を目指している。つまり、内閣は極めて脆弱なものにした。結局、自分たち明治の元勲たちの指導権を残すために、わざと曖昧にしたんだね。

そして憲法制定の寸前に、枢密院を作り、その議長になって、天皇臨席の下に、国民に対しては秘密裡に審議する。準備した憲法草案が問題になるわけだけど、枢密顧問官鳥尾小弥太が個々の大臣が天皇に対して責任を持つのではなく、内閣の連帯責任を認めるようにすべきではないかという意見を出した。つまりイギリスの議院内閣制のような内閣の連帯責任ね。つまり、内閣での内閣総理大臣に主導的役割を持たせるべきだという意見。すると、伊藤は間髪入れず「天皇の主権は議員に譲らず、内閣にも与えない。天皇自身がこれを統理するゆえに内閣総理大臣は各大臣を撰挙する権限を憲法上有しない。天皇自ら各大臣を選任し各大臣は天皇に対して各々その責任を果たすものとしなければならない」と答えた。

それでいて伊藤は天皇には立憲君主として政治には口出ししないことを求め続けた。憲法改正寸前に枢密院を設けたのは、天皇が内閣に対して何か発言し、判断を示す際に、天皇が個人的に行わないようにするためである。つまり、結局は元勲たちの意見で、内閣を動かすということだよね。

これによって、伊藤が憲法上規定を曖昧にして脆弱な内閣を作ったのは、確信的だったのだと、まさに私は確信した。

小山　そうですか。

杉原　明治天皇は、もともと大和朝廷の伝統を踏まえて、政治的意見を積極的に言うのを拒んだ天皇だ。帰趨、趨くところにお墨付きを与えて、無駄なく政治が進むように努力したんだ。そのように努力した天皇だと言った方がよいかな。

ともあれ、その権威の下で、伊藤は明治政府をリードし、自由闊達に振る舞ってこれたのではないか。そして他方では、天皇の権力をことさら強いものにし、内閣は弱体化させた。そして天皇は君臨すれども統治せずで、直接には特に政治意見を言わない立憲君主の君主たらしめるべく図った。

つまり、伊藤は自分たちの発言力を残すために、内閣については、極めて天皇の指導力を巨大にして、各大臣の力を弱め、そして内閣の力を弱めた。

ところが、憲法制定後、間もなくすぐに内閣を弱めたことの非を認めて、何とか少しでも是正して内閣を強化しようとするんです。特に、軍部の独走を阻止するように、しかし阻止はできなかった。これらの軍部を抑えようとする試みは山縣らによって阻止される。

小山　杉原先生流に言えば、伊藤は失敗したなと思ったんでしょうね。

杉原　そうです。だけど、日本では一度作ったものの修正は難しい。

日露戦争の直後、明治三十九年のことだけど、陸軍が満州に留まって国際的に非難が起きた時があった。このとき韓国統監であった伊藤は「満州は決して我国の属地ではない。純然たる清国の領土の一部である」と言って軍政の試みを止めさせたことがある。

そうしたように、相手の立場を考え、先を見る目を持っていたが、この憲法を作るときには、私情が入っていたんだね。このようにあいまいにするのはよくないということが十分に分かっていたのにそうした。まさに政治的犯罪だね。

このことから、やはり明治の元勲たちは思い上がったところがあったんだと思う。そしてそのツケが昭和のとき、日本を襲った。そのために、日本は望まない戦争をアメリカとして日本の悲劇が始まったと言えるところがある。

ともあれ、大日本帝国憲法は、そういう意味で、偉大なる失敗作と言わなければならない。その点では、現行憲法は押し付けられたとはいえ、よくなった部分がずいぶんある。だけど、憲法学者や、そして政府の内閣法制局や法務省が悪くて、今の憲法について、ずいぶん劣悪な解釈をして、本来の日本国憲法よりもっと悪い憲法にしている。そう思いませんか。

小山　解釈が劣悪であるというのは賛成するけれど……

ただ、杉原先生は何かないものねだりしている感じがするんですよ。先生だけじゃないけど、保守の人たちみんな言ってることがね。いや、これは左翼の多数派も同じだな。

例えばね、ヨーロッパの歴史と大きく比べた時に、最先進国であるイギリスを見てみると、マグナカルタ以来、五百年くらいかかってようやく議会政治を確立するんですよ。普通選挙でみると、七百年かかってるんですよ。ロシアなんかは議会ができるのがやっと一九〇五年ですよ。日本は、帝国憲法からわずか三十数年で議会政治と普通選挙制度を確立するんですよ。滅茶苦茶早いんですよ。早すぎるくらいですよ。

それとか、十九世紀の段階で、あるいは二十世紀初頭ぐらいの段階でも、ヨーロッパでは、例えば将校の中における貴族の占める率なんてものすごいですよ。多いのは九〇パーセントぐらいの国もあるし、少ないところでも五割、六割は必ずあるんです。それに対して日本は、その率はものすごく低いんです（園田英弘『西洋化の構造』思文閣出版　一九九三年）。あるいは、身分制で見てもヨーロッパはまだ十九世紀まで、完全な貴族制なんです。イギリスは民主主義国家の最先端というけど、二十世紀になってやっと平民が出てくる。やっと権力を握るようになるんですね。平民というとまた違うかもしれないけど、基本的にいろいろ変革したと言ったって、みんな権力握ってたのはヨーロッパは貴族なんですよ。それから比べると、日本ははるかに下克上をやっている。それもわずかな期間でやっている。

そうすると、日本が短期間に近代化、民主化をやろうとすると、やっぱり独裁制というか、集中制的な要素を相当残していかないとできなかった気がするんですね。ですから、元老政治が一定期間必要だったと思います。その元老政治を残すためには、憲法で余り内閣のことを決めない方がいいんですね。政治慣習に任せた方がよいわけですよ。内閣について二条、厳密にいうと一条しかないというのは、基本的に、そういう事情からきていると思いますよ、私は。逆に内閣の連帯責任を決めていて議院内閣制がすぐに実現していたら、明治後期に大日本帝国は潰れていた可能性があったと思いますね。

杉原　そういう見方もありえますね。

現行憲法の奇怪な言葉遣い

小山　帝国憲法や伊藤の話しはこれくらいにして、「日本国憲法」の文言上の問題もいちおうざっと見ておきましょうよ。

杉原　私は改憲論者ではあるけれど、私の場合、改憲の前にというか、改憲を前提としたとしても、現行憲法について正しい解釈がなされていないという主張を取り下げるわけにはいきません。憲法改正とともに、現行憲法の解釈は正しいものにしていかなければなりません。

小山　それはそのとおりです。だけど、押し付け憲法だけあって、あまりにも納得のいかない表現がありますよね。その問題を先に話し合いましょう。

杉原　そうですね。まず、「前文」にある問題を指摘しますか。

前文は「日本国民は、正当に選挙された国会における代表者を通じて行動し、われらとわれらの子孫のために、……この憲法を確定する」という、文言から始まるよね。

この文章がおかしい。この条文の中の「われらとわれらの」は、日本語の文章として厳密に見れば、「日本国民」では必ずしもありえないということは確かにいえる。とすると憲法の制定の経緯からいって、「われら」というのは、「日本国民」ではなく、「アメリカ国民」を指し、「日本国民は、アメリカ国民とその子孫のために……この憲法を確定する」と読むことができますね（笑）。

日本国憲法の原文は英語ですから、その英語で読むと最初の書き出しのところの始まりは、「We,the Japanese people…」となっている。そこで、「日本国民」のところを「われら日本国民は」としておけば問題は起こらなかった。つまり「われら日本国民は…われらとわれらの子孫のために」と、訳しておれば誤解は生まれなかったのに、出だしの「われら」を省いてしまったので、「われら」という文言が別の人を指すようにも読めるようにもなったのです。
この話は、田久保忠衛氏と加瀬英明氏の対談本『日本国憲法と吉田茂』(自由社　二〇一六年)に出てきます。

小山　その本読みました。

杉原　それから、第七条に定める天皇の国事行為の問題ね。

小山　そう。公的行為の問題と捉えた方がよいかな。第四条で「この憲法の定める国事に関する行為のみを行ひ」を受けて、第七条では天皇の国事行為を列挙しているんだけど、例えば第二号には「国会を召集すること」とはあるけれども、国会開会式への臨席やそこでの「お言葉」については書かれていない。第九号で「外国の大使及び公使を接受すること」とあるけれど、「国賓を接受すること」とはどこにも書いていない。第七条は文言の構造上、国事行為を例示で示しているのではなく、限定列挙として一般に捉えられているから、その観点にこだわれば、天皇が国会開会式に出席したり国賓を接受したりすれば、憲法違反であるという言い方も出てくるわけです。
国会開会式への臨席や外国賓客の接受以外にも、国内巡幸、さまざまな「お言葉」、外国訪問などの公的行為が存在するけれども、これらの行為も明確に規定されていません。しかし、第一条を重視すれば、第一条に規定する「象徴としての地位」からして、国会への臨席等の公的行為は当然に「合憲」であると解釈できます。政府の解釈もそうです。私も、公的行為は「日本国憲法」上認められていると考えますが、公的行為否認説も文言上で成り立つ根拠がありますから、厄介ですね。

杉原　それから同じく第七条の第四号の項目の「総選挙」の問題。

小山　第四号に「国会議員の総選挙の施行を公示すること」とあるけれど、これでは参議院議員の選挙について書いてないことになる。参議院の場合は、選挙の施行を公示する人がいない。重大な欠陥だよね。

杉原　それから第六〇条の「予算」の問題。

小山　第六〇条に「予算は、さきに衆議院に提出しなければならない」とあるけれど、提出するものはあくまでも「予算案」でなければならない。「予算を提出しなければならない」とすれば、予算は政府が決定してそれをそのままで国会に提出することになり、議会は決まってしまった予算を審議することになる。

杉原 第六六条第二項に「内閣総理大臣その他の国務大臣は文民でなければならない」というのは、第九条で、日本には「戦力」を持った軍隊はいないとすれば、軍隊の成員である武官はいないわけだから、この条文は存在しても意味をなさない条文ということで、やはり重大なまちがいということになる。

もっとも、この条文については、第九条についていわゆる芦田修正が行われた際に、その修正にともなって、日本は軍隊を持てると解されることになり、それを前提に挿入されたものだ。だから、逆に、第九条で軍隊が持てないと解釈するのがまちがいだとする主張が出てくる。私はこの主張の方が正しいと思う。そのところをあいまいにして、日本では軍隊を持てないとした吉田茂は、何度も言うけれど罪が重いね。

小山 第八九条を文字通り解釈すれば、私学に公費助成はできないのに、公費助成をしているという問題。

杉原　この対談の第四章で厳しく言ったように、第八九条で私学に公費助成できないという解釈の方がまちがい。

また、第八九条の下、全国の神社の祭祀が天下の公道で行われていることが合憲だと考えれば、この現行憲法は、宗教における祭祀に特別な性質があることを認定してできていることになる。したがって学校教育法に基づいて、公教育として行っている私学の教育で、宗教教育を行っている場合でも、公費補助はできる。これは解釈の方が間違いだと、口を酸っぱくして言っておきたい。そして「祭祀」の特別な性質も前提にしているし、文化財保護も当然のこととしている。

第五章　公民教科書をいかにして作ったか

公民教科書はどうあるべきものか

杉原　「公民教科書をいかにしてつくったか」という章に入りますが、まず初めに、先生は「つくる会」の次期公民教科書の代表執筆者として、私は現行の公民教科書の代表執筆者として、公民教育は何のためにあるのかということから話し合いたいと思います。

小山　そうですね。大切なテーマですね。

杉原　それでは私の方から話しましょう。平成二十年改訂の学習指導要領（中学校）も、今回の平成二十九年改訂の学習指導要領（中学校）も、最初の「1　目標」の中で、場所は違うけれども「国民主権を担う公民として」とある。確かにそれはそのとおりだと思う。だけどそのために公民教育があるのだという論理構成が十分にできていないと思う。

確かに公民に必要な資質の育成に関わることが規定として書かれており、その点では必要な資質がまんべんなく書いてある。しかし、なぜそのような資質が必要なのかという論理構成ができていない。

小山　というと？

杉原　歴史教育との比較でいえば、歴史はすでに存在してきた歴史の中に投げ込まれての教育ですから、自国の伝統や文化に対して敬愛の念を育成するという課題が出てくるのは当然であり、それを前面に出すのは当然だと思います。

しかし公民教育としては、他の国との共通性、世界的普遍性ということがまず重要な問題として出てくると思います。

つまりね、公民教育という立場からいえば、国家という共同社会の中で、国家は国民のためにあるということをはっきりさせているのが国民主権であり、したがって国家は国民の意志に基づいて運営されなければならないということになり、それゆえに、三権分立や議会主義等、立憲主義的・民主主義的政体が必要だということになるのだと思う。

そうしてね、その国民の意志に基づく国家運営、つまりそのための政治のことね。その政治の究極目標は、その共同社会の持続可能性を維持することだと思うんです。

小山　私も、そう思います。国家の持続可能性を維持していくことが、公民教育の本質的な存在意義だと思います。

杉原　「持続可能性」は平成二十年改訂の学習指導要領で初めて出てきたもので、今回の二十九年改訂では「D　私たちと国際社会の諸課題」で2回も出ている。

だけど、この問題が国際社会だけの問題ではなく、個々の国家運営でも究極の目標として置かれていなければならない。もちろん、国家の持続可能性というとき、個々の国の一国のみ持続可能であればよいということではなく、「世界とともに」の、持続可能性でなければならない。

つまり今の学習指導要領では国家の運営自体が、持続可能性を究極目標に置いておかなければならないという突っ込みが欠如している。

小山　いや、平成二十二年度検定では、国家の持続可能性を考えるのは適切ではない、と教科書調査官から言われましたね。調査官によれば、「社会の持続可能性」「世界の持続可能性」という言葉遣いは良いけれども、「国家の持続可能性」はダメだということでしたね。

杉原　ところで、平成二十年の学習指導要領改訂で、いきなり「対立と合意」「効率と公正」が出てきた。

このことについて言っておきたいわけですが、国家という共同社会は確かに血縁的なところがあり、その点で共同社会といえる側面があるけれど、同時に競争によって利益を追求する利益社会の側面がある。よって、国家運営において、「対立と合意」「効率と公正」の観点から見なければならない側面のあることを率直に認めてよいと思う。

その「対立と合意」「効率と公正」について、今回の平成二十九年の改訂では「私たちと現代社会」にも、「私たちと経済」のところにも、「私たちと政治」のところにも、やたらと出ている。この点について、小山先生、何か言いたいことがおありでしょう。

小山　国家は血縁的な面もあるけれども、むしろ地縁的な面で共同社会なのだと思います。その点はともかく、国家には、共同社会の面と利益社会の面があるという点は賛成です。

しかし、後から触れると思いますが、社会における対立を克服して合意に持っていこうという場合、「効率」と「公正」のバランスの見極めだけで合意形成ができるわけがないのです。基本的に利益社会と言える経済社会においてさえも、「効率」と「公正」以外に重視すべき観点又は価値が存在するからです。

ですから、今度の平成二十九年版では、経済の個所では「希少性」などが、政治の個所では「民主主義」などが、国際社会の個所では「協調」や「持続可能性」が合意形成を考える場合に必要となる価値として登場しています。

杉原　そうですよね。

そこで私が思うのが、この中学校学習指導要領では、「公民教育」として「公共の精神」のことが欠如していることです。

国家という共同社会を支えるに当たっては、公共の精神がとても大切です。国家という共同社会が国際社会とともに持続可能性を維持していくためには、公民という立場に立つ者にあっては「責任」というものがあります。その責任の下に、「国民主権を担う公民」があるのです。とすると、国民の意志に基づいて政治をするということのために、選挙があり、投票があるということになるけれども、その選挙とか投票というものは、個人のエゴを反映させるためのものではなく、国民の賢明な判断を反映させるためのものであるということ。つまり、国家のあり方を国民一人一人の判断に委ねるということですから、国民は「公共の精神」に基づいて、国家運営のためによかれと思うものを決めて投票するということでしょう。つまり、何が国家にとってよいのかを個人の判断に託していますが、託された個人は私的利益からというのではなくて、「公共の精神」に基づいて、国家のために何がよいかを決めて投票するということでしょう。

平成二十九年改訂の中学校学習指導要領で、社会科公民的分野の目標(2)で、「現代社会に見られる課題について公正に判断したりする力…を養う」と一言ありますが、結局は公民として賢明でなければならないということを言っているわけでしょう。

にもかかわらず、平成二十年改訂の学習指導要領もそうでしたが、公民教育に関する規定の中で「公共の精神」の字句は一度も出てこないのです。これは公民教育に関する学習指導要領の規定として明らかに穿ち方が浅いということになります。公民教育の核となる「公共の精神」

という鉱脈まで穿っていないということになります。

小山　それは、杉原先生がよく言っておられた、新教育基本法では二度にわたって「公共の精神」を謳っているのに、肝腎の公民教育で謳っていないという問題ですね。

杉原　そうです。平成十八年改正の新しい教育基本法は、新しい教育の在り方として「公共の精神」を二度にわたって謳っています。それはこれからの民主主義社会で極めて重要なものだということでそうなったのだと思いますが、それを最も担わなければならない公民教育で欠如しているというのは、文部科学省の教育課程課の怠慢ということになるでしょうね。

小山　そのために平成二十年の改訂後初めての検定で合格した公民教科書では、「公共の精神」を記述したのは我々「新しい歴史教科書をつくる会」の教科書だけだった。

杉原　実際の教科書づくりの問題は後回しにするとして、我々の公民教科書の影響で、今回の平成二十九年の改訂で、学習指導要領がよくなったところがあると言えませんか。

小山　というと？

杉原　「私たちと経済」のところの「市場の働きと経済」でね、「分業と交換」、「希少性」という字句が出ましたね、

これは我々のつくった『新しい公民教科書』で「使用価値と交換価値」という小見出しを立てて、経済における「価値」とは何かということを取り上げました。「希少性」という言葉は用いていませんが、同じことを書いています。確かに経済を原理的に考え、市場の機能を考えようとすれば、この「価値」の問題の説明は避けられない。我々の公民教科書でそのことを取り上げたのですが、それが今回の改訂の元になったと、そう考えられませんか？

小山　なるほどね。

杉原　「自国を愛し」は平成二十年改訂の学習指導要領でも今回の平成二十九年改訂の学習指導要領でも出ているのに、愛国心を書いた教科書はないか、あっても極めて記述が少ないという問題があるけれども、これは学習指導要領の問題ではない。検定と採択の問題。だけど教科書が、逆に学習指導要領をよくしていくということもある、ということになりますね。

小山　そう言えるかも知れませんね。今年の六月に「中学校学習指導要領解説　社会編」が文

『市販本 新しい公民教科書』表紙

『新しい公民教科書』表紙

科省から出されたのですが、これを読むと「外交、防衛などの公共財」と書かれているのですね。正当にも、「防衛」が公共財として位置づけられていることに驚きました。「防衛」を公共財と位置づける教科書は、昔はせいぜい一社程度だったのですが、自由社を初めとして平成二十八〜三十一年度使用版では三社に増加してきています。この例は学習指導要領そのものではないですが、教科書の内容改善が文科省の考え方を良くして、「解説」を良くしたという効果があると思います。

平成二十二年度検定で いかに激論したか

小山　それでは、いよいよ公民教科書を作る時の問題に入りましょうよ。

杉原　そうしましょう。そこでまず言っておきたいのが、現在使われている「つくる会」の中学校公民教科書『新しい公民教科書』のできる過程です。

この教科書は平成十九年から準備が始まり、この教科書の骨格は小山先生がお作りになった。そして具体的に編集制作の段階で、私が代表執筆者となり、「つくる会三多摩支部」支部長の渡辺眞氏が自由社分室で編集長を務め、作っていった。そして平成二十二年度の教科書検定に申請した。

それでね、小山先生の構想でできたこの教科書で何を訴えようとしたのか。この教科書の狙いについてひとまず話していただけませんか。

小山　この教科書のねらいは沢山ありますが、何よりも国家論を、国家の思想を公民教科書に広げることです。戦後一貫して、国家とは何か、国家の役割とは何か、といったことが公民教科書に本格的に取り上げられたことはほとんどありませんでした。政治学や憲法学でさえも、真面目に国家論を研究するということが行われてきませんでした。日本では、政治家でさえも、国家意識が薄く、平気で国益に反することを行いますが、これは、国家論の教育を受けずに政治家になっていくからなんですね。ですから、何としても、多数の公民教科書に国家論が書かれるような状況を作り出すために、先ずは『新しい公民教科書』で国家論を展開したいと考えたのです。

もう一つ大きいのが、家族論を健全化することでした。最近の公民教科書は、家族について「最も基礎的な社会集団」とさえも記さず、親子の関係を「保護－被保護関係」「指導－被指導関係」と捉えないどころか、そもそも親子関係について記しません。家族とは何か、ということをきちんと展開していないのです。まるで、家族の解体を狙っているかのような書きぶりです。私は、『新しい公民教科書』で家族論をきちんと展開し、他の会社の教科書にもまともな家族論が広がっていくようにしたいと考えたのです。

しかし、平成二十年版学習指導要領でも平成二十九年版学習指導要領でも、「家族」に関する位置付けがありません。そのため、現行教科書では、家族論が健全ではないどころか、家族論自体がない教科書が多数派になりつつあります。何とも、怖ろしい事態が進行しつつあるのです。国民全体に、社会科教育で進む家族解体思想の動きを注視していただきたいと心から願っています。

杉原　我々の公民教科書はそのように作られている、確かにね。

そこで次に問題となるのが、教科書調査官、その調査官との丁々発止のやりとりね。平成二十二年十二月から二十三年三月までのやりとり、これを紹介することになる。

だけど、その前にきちんと言っておかなければならないのは、名前は出さないけれど、対応した三人の調査官はいずれも、個人としては極めて親切だった。そのことを前提に丁々発止の話を、この本の読者には聴いてもらわなければならない。親切なアドバイスによって我々の公民教科書がよりよくなったことも確かにある。その点では我々の教科書制作に携わった者は誰もが感謝している。

だけどだからと言って我々の納得しがたかったこと、問題だと思ったことについて黙っておくわけにはいかない。あるべき公民教育を考えたとき、黙っていることは社会的に許されない。だから、調査官との丁々発止の激しいやり取りの過程を振り返って、公民教科書の代表執筆者の立場から総括して言えば、調査官は、憲法について最悪の解釈を是としており、これを検定を通じて、日本全土に広めるものであったと言わざるをえない。その結果、極端な言い方になるけれども、健全な国家の持続性を破壊し、日本の解体を進める方向のものだったと言うよりほかはないね。

調査官の心中においては、日本の解体を進める方向で検定をしているという意識はないと思われるけれども、客観的には公正な公民教育に資するものではなかったと、そう言うよりほかはない。調査官の背後には、教科用図書検定調査審議会が控えており、調査官はこの審議会に拘束されており、その検定意見が必ずしも調査官個人の意見であるとは限らない。しかし審議会のことは分からないのだから、ここではその両者を総じて「調査官」として表現して扱うよりほかはないけれど、その前提で言えば、まさにそうだった。

小山先生は、この検定の過程を『公民教科書検定の攻防—教科書調査官と執筆者との対決』(自

由社　二〇一三年）で詳しく発表されている。

小山　この本を出版したいと思ったのは、検定過程でひどく驚いたことが幾つもあったからです。いちばん驚いたのが、日本に関して、君主国、君主と記すことが全て禁止されたことです。戦後日本のみならず、戦前日本、古代から近世までの日本についても、全て禁止されたのです。戦前までの天皇を君主、戦前までの日本を君主国とすることに反対する学者は一人もいないでしょう。いや、戦後日本に関しても、天皇君主論というのは一九七〇年代までは多数派とも言える学説でした。何ともおかしな検定だなぁと思ったんです。

関連して、政府の公権解釈は「日本国憲法」下の体制を立憲君主制と言ってもよいとしています。にもかかわらず、検定は、立憲君主制と書くことを決して許しませんでした。こういう検定は、検閲と捉えるべきではないかと思ったんです。その実態を社会に広く訴えたいということで、この本を出版したのです。

削除された「立憲君主制」の表記

杉原　そこで、検定過程の丁々発止を具体的に示していきたいんだけど、まずいちばん大きなヤマバはやはり何と言っても、天皇の問題だね。我々から言わせてもらえれば、調査官の見解は極めて浅いというよりほかはない。研究不足と言ってもよいね。もし研究を十分にした上で、このような見解を示しているのであれば、日本国民を愚民化させるための見解を確信的に出してきていることになる。国家公務員として許されないことになり、まさに国会で追及すべき問題となる。

そこで、まず「天皇」の問題に入りましょう。

小山　『市販本　新しい公民教科書』（自由社）として実際に市販されているから、詳しくはそれを見てもらった方が分かりやすいけれど、「日本国憲法」下の体制を立憲君主制と記すかどうかで、我々は調査官と激しく衝突しましたよね。具体的には、単元18「日本国憲法の原則」の箇所での衝突です。『新しい公民教科書』の検定申請本は、この単元18で、「立憲主義が支える7原則」の小見出しを置き、「立憲君主制の原則」について次のように記していたんですね。傍線は私が引いたものです。

このような3原則の他にも、日本国憲法は立憲主義の憲法としてさらに4つの原則に基づいています。その上で通常いわれる憲法の3原則が支えられています。

第一に、権威と権力を分離した立憲君主制の原則にのっとっています。天皇は政治権力はもちませんが、「象徴」（第1条）であり、国民を代表する最高権威として位置づいています。

この権威に基づいて、天皇は、権力機関の長である最高裁判所長官や内閣総理大臣を任命します。また、諸外国では、天皇を国家の元首とみています。

我々の基本的立場は、後で詳しく論じたいけれども、「権威」と「権力」の分離を立憲主義にとって極めて重要なものと捉えるものです。そして、天皇を単に象徴であるだけではなく、最高権威であると捉え、現在の日本も立憲君主制であるとするものです。その上で必ずしも積極的な言い方ではありませんでしたが、「象徴兼権威」である天皇を元首であり、君主として捉えようとしたのです。

こういう我々の考え方は、全て調査官によって否定されました。調査官の基本的立場は、「権威」と「権力」の分離は必ずしも立憲主義の要素ではないと捉えるものです。こういうところに調査官の不勉強があったんです。もっとも、今の憲法学自体が「権威」と「権力」の分離を重視しないから当然とも言えるのですが。

話しを続けますと、調査官は、天皇の権威性を全面的に否定し、天皇は「単なる象徴にすぎない」と捉え、現在の日本は「象徴天皇制」であるとばかり主張するんですね。それゆえ、天皇は元首でも君主でもないとする。

結局、我々の立場は立憲君主制論です。対して、調査官の立場は「象徴」の意味を空洞化させた上での象徴天皇制論です。消極的象徴天皇制論とでもいうべき立場です。この立場の人たちは、天皇の公的行為を否定したがるんです。ですから、我々の教科書が検定申請した平成二十二年度検定では、「天皇は憲法に定められた国事行為のみを行います」と記して公的行為を全く書かない東京書籍等、四社の教科書に何の検定意見も付けていなかったんです。これには、本当に驚きました。

また、我々は、検定申請本の単元20「天皇の役割と国民主権」で次のように記していました。

また、対外的には、天皇は日本国を代表する元首の役割を果たしています。

この記述に対して、調査官は「元首として、例えば信任状みたいなもので扱われることはありますが、『元首の役割を果たしています』となると、（天皇は）政治的権能をもつ元首であると誤解される恐れがある」と言った。

杉原　天皇が「元首」ではないということを言い張るためにかろうじて成り立つ説明ではあるが、ならば逆に、国家としては、そして公民教育としては、日本では誰が元首であるのかを明示する義務があるはずですね。現在の悪しき憲法解釈では、どこの国家でも明示している誰が元首であるかということについて、それを曖昧にしたままに、天皇は元首ではないと言おうとするのである。天皇を軽んじることを示唆するもので、これを公民教科書を通じて国民に普及させようということになる。偏った不完全な解釈であることは明らかです。ここは公民教科書の調査官だけの問題ではなく、そのような曖昧さを放置している内閣法制局の問題なのだけど、それをそのまま教科書に反映させようとする文科省検定は許されない。

大日本帝国憲法から見て、国体は変わっていないという現行憲法制定時に政府が政府の見解として明確に言った立場に立てば、大日本帝国憲法下でも、政治決定は国務大臣に任せ、天皇は政治決定にはかかわらないという原則があり、それゆえに立憲君主制と言えていたのではないか。その立場から言えば、現在の天皇は元首であり、現在の政治体制も立憲君主制であると言わざるをえないはずだよね。そうだよね。

小山　そうです。ですから、我々は、吉国一郎法制局長官の発言を根拠にして、天皇元首論と立憲君主制論を強く主張したんですね。つまりね、昭和四十八年六月二十八日、参議院内閣委員会で、吉国内閣法制局長官が、立憲君主制論と天皇元首論とを肯定しているんですね。

少し説明しますと、自民党の内藤誉三郎議員が「日本国は……立憲君主制の国であると理解してよろしいでしょうか」と質問したのだけど、これに対し、吉国長官は次のように説明しています。

吉国一郎内閣法制局長官　国家の形態を君主制と共和制とに分けまして、わが国がそのいずれに属するかということがまず問題になるわけでございますが、公選による大統領その他の元首を持つことが共和制の顕著な特色であるということが一般の学説でございまするので、わが国は共和制ではないことはまず明らかであろうと思います。

それでは、君主制を専制君主制と立憲君主制に分けるといたしますならば、わが国は近代的な意味の憲法を持っておりますし、その憲法に従って政治を行なう国家でございます以上、立憲君主制と言っても差し支えないであろうと思います。

その後、さらに内藤議員が「天皇が日本国の元首であるということを政府の公式見解とすることに御異存はないと思いますが、いかがでしょうか」と質問するのですが、吉国長官は次のように回答しているんだ。

吉国一郎内閣法制局長官　先ほど申し上げました内閣の憲法調査会は、その報告書におきまして、天皇は、対外関係において一般的に国を代表するものとしての元首たる地位にあると解釈することができるということは、委員のほとんど全員の一致した見解であったという旨を報告いたしております。もっとも、天皇が元首であるかどうかは、要するに元首の定義のいかんに帰する問題であると思います。この点は、先般、衆議院の内閣委員会においても私申し上げたところでございますが、かつてのように、元首とは内治外交のすべてを通じて国を代表して、行政権を掌握する存在であるという定義によりますならば、現在の憲法のもとにおきましては天皇は元首ではないということになりますが、今日では、実質的な国家統治の大権を持たなくても、国家におけるいわゆるヘッドの地位にある者を元首とするような見解も有力になつてきております。この定義によりますならば、天皇は現憲法下においても元首であると言つて差し支えないと存じます。

我々は、右の吉国法制局長官の発言を根拠に、立憲君主制の原則という言葉を用いるとともに、天皇元首論を展開していくんですね。

そこで、教科書の単元18の五三頁を見ていただくと分かるけれど、本文の「諸外国では、天皇を国家の元首とみています」に対する側注④の「元首とは、外国に向けて国家を代表する者をいう」という文言を次のように修正しましたね。

元首とは、外国に向けて国家を代表する者をいう。１９７３（昭和48）年6月28日参議院内閣委員会で、吉国一郎内閣法制局長官は「天皇は、現憲法下においても元首であると言ってさしつかえない」と説明している。

この注記をめぐって思い出すけど、我々執筆者側と調査官との間で大議論が展開されたんですよね。そこのところは上記私の『公民教科書検定の攻防』（自由社　二〇一三年、一六二〜一六六頁）の本に譲るけれど、議論を経て我々は調査官から、言葉狩りはしない、「立憲君主制」という言葉をある脈絡の中で出すことはよいという言質を取ったんです。そこで、我々は、次のような単元本文をつくって調査官に示すことにしましたね。

このような3原則を支えているのは、立憲主義の憲法としての原則です。その第1に、天皇が政治権力をもたない象徴天皇の原則にのっとっています。憲法に規定する天皇は、象徴であり、政治権力はもちませんが、政府は、天皇を象徴とするわが国を立憲君主制の国とみることができるとしています。象徴である天皇は、日本の伝統的政治文化にしたがい、権力機関の長である内閣総理大臣を国会の指名に基づいて任命し、さらに内閣の指名に基づいて最高裁判所長官を任命します。それゆえに、諸外国では天皇を国家の元首とみています。

この二番目の傍線部に側注②を付けました。先ほど示した側注④を大幅修正したものですが、文章は次のようになっています。

1973（昭和48）年、参議院内閣委員会で吉国一郎内閣法制局長官は、天皇は統治権の総攬者ではないが、憲法に規定する天皇を象徴とする我が国の制度は、共和制ではなく、立憲君主制とみることができると答えている。また、日本の元首について、国家のヘッドの地位にあるものという意味で、天皇は元首であるといってさしつかえないと答えている。

この辺の交渉は杉原先生が頑張りましたよね。私は、先生から立憲君主制という言葉が検定を通りそうだということを聴いて、すごく嬉しかったことを覚えています。ところが、結局、ぬか喜びに終わるわけですね。

杉原　そこから次は私に言わせてください。検定が最終段階に入ったとき、調査官は私たち執筆者を呼び出すこともなく、自由社に記述の変更を求めて電話をかけてくるんだよね。手帳を見ると平成二十三年二月八日だった。

つまり、二月八日に「立憲君主制」という言葉の表記も側注②の吉国答弁も記載不可と電話で指示してきたんだ。これは先の言葉狩りをしないという言質とも異なる。とうてい受け入れられるものではない。そこでこの二月八日の再変更要請に対して、私は執筆者を代表して、二月十四日に、「修正案添付説明書」という反論書を送った。長いけれど原文どおり示しておこうね。

「立憲君主制」の問題では、私たちの直接の表現としては「象徴天皇」とし、政府の見解はそのまま記述する、というところまで歩み寄るのが、私たちとしては精一杯です。

政府の見解として我が国を立憲君主制の国と見ることができるという見解が（ある）ということを、記述してはならないとなると、私たちの立場はなくなりますし、もしここでご指摘を受け入れて記述しないことにすると、検定合格後、必ずやそのことは社会の知るところとなり、そうなれば検定を超えた検閲ではないかということになり、かえって調査官の皆様に大きく迷惑をおかけすることになります。

その上、象徴天皇の制度を立憲君主制であるとしたところで、憲法の規定に基づく象徴天皇の制度であるには少しも変わりなく、象徴天皇の制度を少しも損傷するものではありません。私たちの見解としては、むしろ立憲君主制であると説明した方が、象徴天皇の制度も実り豊かになります。政治学的には、政体は共和制と君主制とに分けられ、その君主制を専制君主制と立憲君主制に分ければ、象徴天皇の制度は、当然、立憲君主制に入ります。その立憲君主制の君主の属性としていわれているところの「象徴」を天皇に当てはめたものと説明できます。そうすれば、対外的にも、天皇は立憲君主制の君主であると待遇されている実態に即することができ、日本の歴史から見ても自然なものとなります。

私たちは、これまでのいろいろなご指摘を受けて修正を施し、そのことによって教科書として確かによくなったという実感をもっており、私たちも、この教科書は執筆者と調査官の

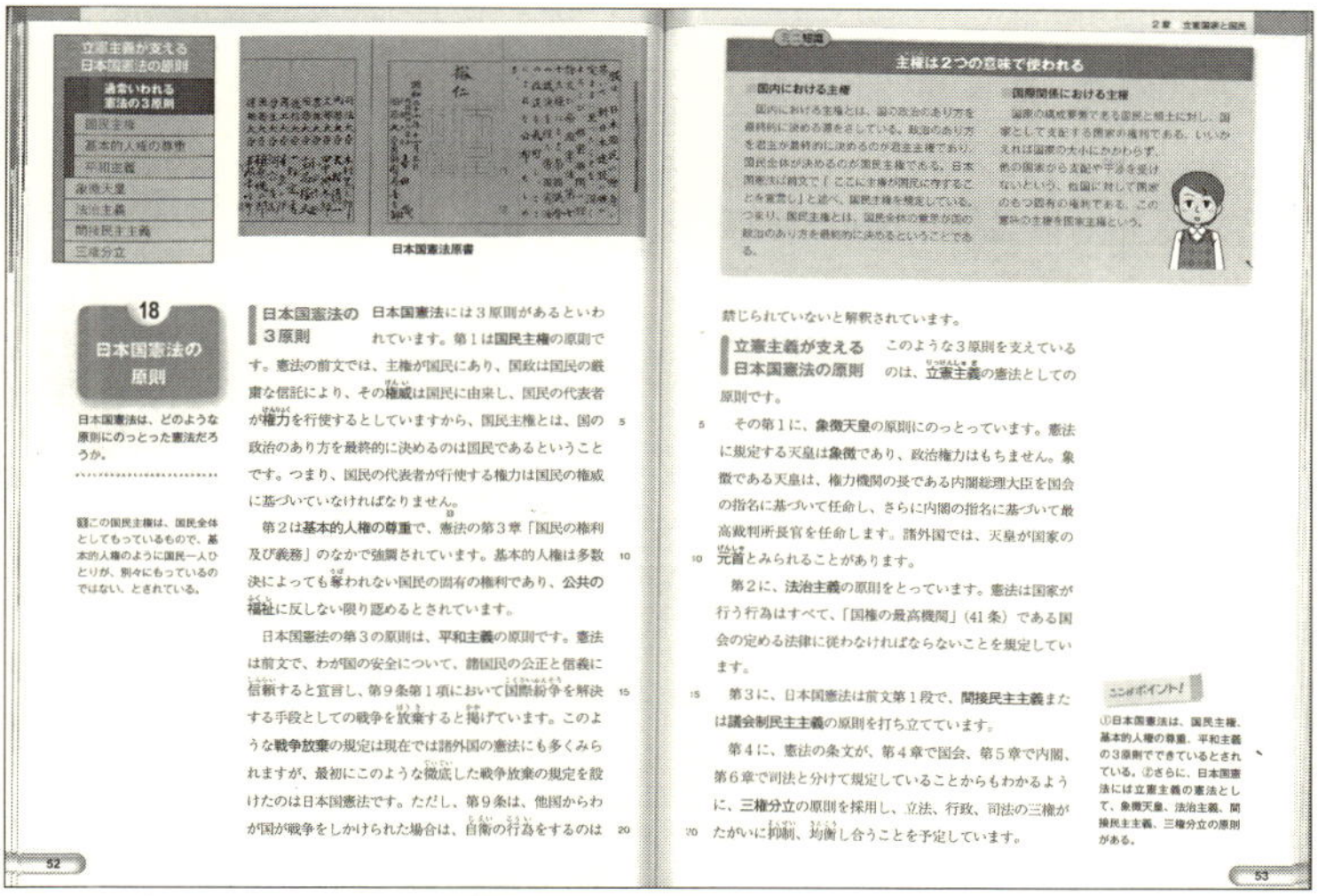

我々の用意した注記は最終段階で削除を命じられ、側注欄は真っ白になった。

協同作業によってできあがったという形跡が残るように努力してきました。しかしここで、政府の見解を記述することを止めると、私たちのこの努力も崩壊することになります。

また、私たちの判断ですが、政府の見解を記述したことによって、そのことが不合格の理由になるとは考えられません。

したがって、ここの「立憲君主制」に関するところは、このまま審議会に出していただくよりほかはないと思っております。

傍線部の「検定を超えた検閲ではないか」という言葉に注目していただきたい。公権解釈でも政治学でも肯定されている立憲君主制論を否定する検定とは、検閲に逸脱しているのではないだろうか。だけど、反論書も空しく、二月十五日、私たち執筆者ではなく、自由社の編集者が呼ばれて削除を申し渡された。

詳しくは先ほどの小山先生の本を見ていただきたいが、政府の答弁は、象徴天皇を君主と捉えれば立憲君主制と見ることができるが、伝統的な意味での君主かといえばそうではないという答弁であり、片方だけを出すのは不正確であり、もし取り上げるとすれば、この国会答弁がどのような政治状況で行われたのか理解されるべきで、しかし中学の公民教科書としては、この両方を書けば煩雑になる、ということを理由にして、削除せよ、ということだった。

そして調査官は、「教科書用図書検定調査審議会はこの種の立憲君主制という言葉を我が国の政体について使うというのは、これまで許容していなかった」とはっきり述べた。

要するに、象徴天皇を君主や元首として見ることもできるという政府見解があることも記述させず、「天皇は象徴にすぎない」という意味の「象徴天皇制」を中学校の公民教育として広めよ、ということになる。そうですよね。私のこの説明、まちがいないよね。

小山　そうです。まちがいない。

杉原　それで翌日の二月十六日、我々は「つくる会」の会長や副会長を招いて会議を開いたよね。この検定意見を拒否して、検定不合格を覚悟して我々の修正意見どおりのものを提出するか、それとも二月十五日の調査官の意見を受け入れて、その線で再修正して提出するか。

熱い議論を経て、この部分の再修正は残念なことであるけれども、ここではまず教科書を作り、その教科書を一人でも多くの中学生に使わせるようにした方が、我々「つくる会」の教科書改善運動をする者として、よいであろうと、再修正の道を選んだ。悔しかったよね。

だが、時間的問題があり、改めての大幅な修正はできない状況だった。調査官が合格と認定する新たな記述を作成する時間はなかった。だから今触れた側注②の記述を削除することを受け入れるよりほかはなかった。だからこの対談本の読者のみなさんには、検定合格し現在使用されている『新しい公民教科書』のこの部分を見ていただきたい。側注欄は異常に空白のままになっている。

そして、単元18の五三頁を見れば分かるけれど、単元本文からも「立憲君主制」という言葉が消されていった。検定合格した教科書の文章は、次のようになっている。

このような3原則を支えているのは、立憲主義の憲法としての原則です。

その第1に、象徴天皇の原則にのっとっています。憲法に規定する天皇は象徴であり、政治権力はもちません。象徴である天皇は、権力機関の長である内閣総理大臣を国会の指名に基づいて任命し、さらに、内閣の指名に基づいて最高裁判所長官を任命します。諸外国では、天皇が国家の元首とみられることがあります。

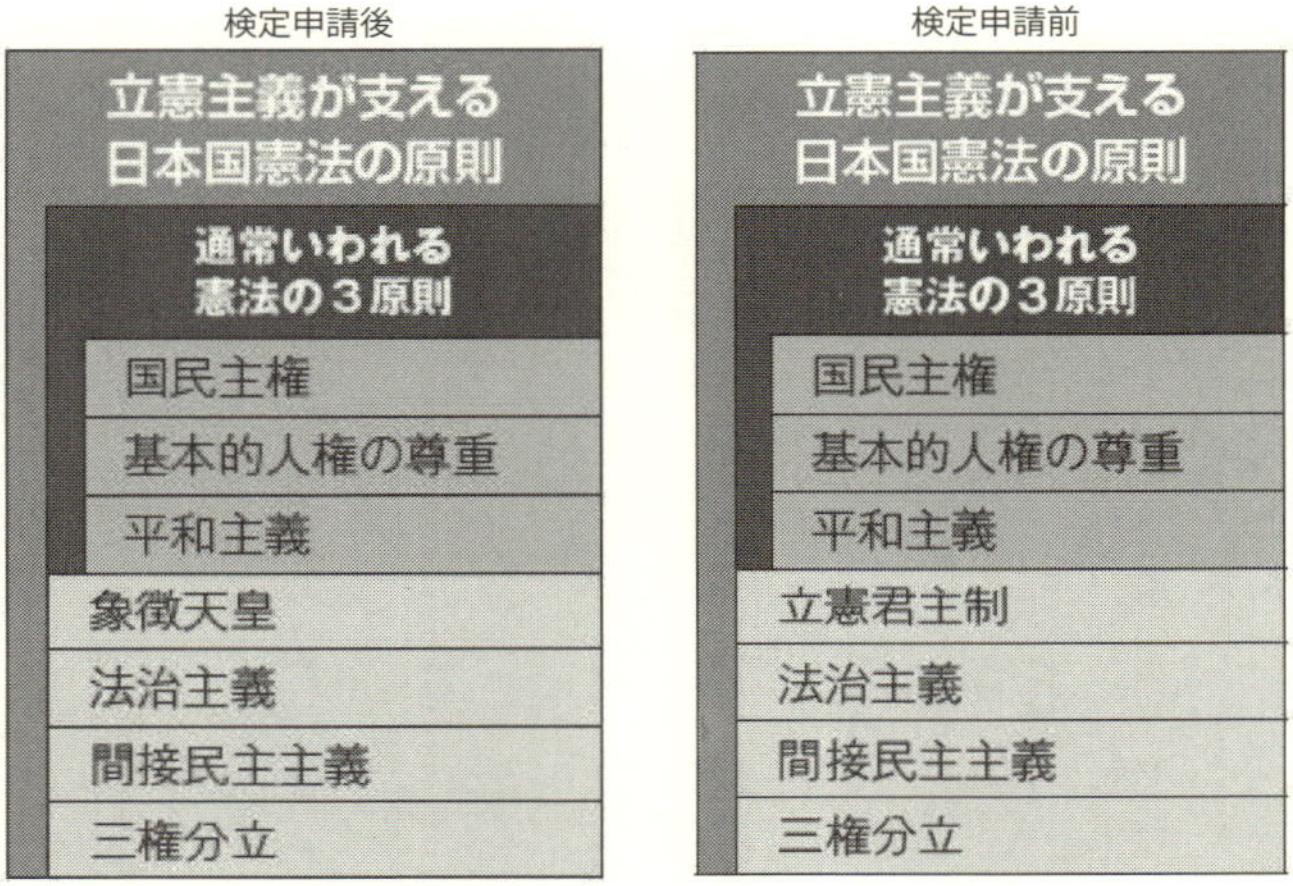

「立憲主義が支える日本国憲法の７原則」の変化

さらに五二頁上にある「立憲主義が支える日本国憲法の原則」の欄の「立憲君主制」も「象徴天皇」に替えさせられたんだよね。

「権威」と「権力」の分離の問題をめぐる抗争

小山　次に、「権威」と「権力」の分離の問題に入りましょう。

調査官と我々とが一番対立したのは、今話し合ってきたように、大きく言えば「日本国憲法」における立憲主義の問題だった。

その立憲主義の話をするとき、立憲主義が成立し、それが成功するのはやはり何といっても、政治における「権威」と「権力」の分離なんだ。

いわゆる保守派では常識でしょうが、日本が、大日本帝国憲法で、立憲国家がすぐにできたのは、日本の長い歴史の中で、権威と権力の分離があったからだと思うんです。つまり天皇は権威のままで実際の政治はしないという伝統がすでにできていた。幕府の時代でも、天皇から征夷大将軍に任命されることによって、幕府の権力は正統性を与えられるんです。そのことによって穏やかにして国民を大切にする政治が実現する。

現行の「日本国憲法」では、第四条で天皇は政治に関する権能は有しないことがはっきりと規定された。しかしそれは天皇から政治的な権力を排除することを明らかにしただけであって、権威まで排除してはいない。どこの国でも、国王のことを「元首」と言うけれども、その本質は世界の憲法を照らし合わせて見て、国王の属性としては、「象徴」ということがトップに来る。政治的権力はなくしたけれども、第六条で天皇は内閣総理大臣と最高裁長官を任命すると書かれている。総理大臣の政治権力を正当化するのが天皇による任命なんです。だから、現在も、象徴であるだけではなく、政治的権威と言えるんです。

我々自身が、調査官が言うように「天皇は象徴に過ぎない」というように教えられてきたけれど、これはほんらい間違っているのではないか。

天皇が行っている行為を見て、それは権威の主体であって、やはり天皇は君主と言えるのではないか。実は天皇君主論というのは、一九七〇年代までは、憲法学者の間では多数派だったんですね。美濃部達吉系の学者が、天皇君主論で多数派を形成していたんだよね。ところが、美濃部系の第一人者である宮澤だけは、天皇君主論、元首論を採らないんですね（前掲小山『戦後教育と「日本国憲法」』)。

杉原 だから、私は何度も言うように、内閣法制局は怠慢だったと言うんだ。そしてそれを放置した自民党政府は責任が大きい、と言うんだ。結局、日本国憲法を押し付けた占領軍の当時のものより、さらにいっそう劣悪にしたのは、日本の憲法学者や法制局、法務省なんだよね。そのことがよく分かる。そしてその背後に、自民党を中心にした政治家がいる。

小山 そう。だから、先ほどのように、我々の教科書を検定した調査官が「天皇は元首であると言ってもさしつかえない」というのを教科書に書かせないのは、この観点から見てもおかしいことで、許されることではないんです。

杉原 公民教科書が内閣法制局や法務省よりさらに悪い解釈を広めている。そういうことだね。

小山 「権威」とは別に「権力」が存在して、権力の行使があるというのが最も穏やかな国家の在り方であり、その権威を君主が担うのを立憲君主制という、つまり、立憲君主制は、権威と権力の分離なくしては成り立たない。それを大日本帝国憲法は踏んでいるし、「日本国憲法」も踏んでいるという解釈がいくらでもできると思うんです。

我々が調査官に向けて主張したように、我々の教科書は権威と権力の分離ということを非常に大きな骨格としている。というのも、権力というものが狂暴化するのをいかに抑えるかというところに、国家の歴史があり、権力は権威によってコントロールされるということが必要なんだ。

その「権威」と「権力」が歴史的にスムーズに分離したのが、イギリスと日本で、どちらも典型的に立憲君主国になったと言ってよい。天皇には権力はないけれど、権威はある。そういうのはまさに公民教育として認めておかなければならないことだ。

我々の公民教科書は「もっと知りたい」という単元外の大コラムで「日本史にみる立憲主義」というのをつくり、「権威としての天皇」という小見出しの下、以上のことを縷々述べた。しかし調査官は「『権威としての天皇』で述べられている権威と権力の分離は、天皇の権力を抑制するための分離ではないから、そのまま立憲主義とは直接関係してこない」という奇妙な理由にならないことを述べて、まったく理解を示さなかった。そして、日本には立憲主義などなかったと言い続けた。結局、大コラムのタイトルも「立憲主義を受け入れやすかった日本の政治文化」に修正させられた。ともかく、日本の前近代と立憲主義を結びつけたくないという想いが調査官には強くあったように思うんですね。

杉原　要するに、調査官は、権威と権力の分離の重要さ、その立憲主義との関連がどうしても理解できなかったようだ。調査官の言うように言うと、だったらどうして明治憲法の下で、日本は立憲君主制の国だと言えるのか、逆に聞きたいよね。君主制には他に専制君主制があるけれど、明治憲法を制定するとき、どうしてすんなり立憲君主制になれたのか、質問したいよね。まさか、大日本帝国憲法下では専制君主制だったと言うんじゃないでしょうね。

要するに、現代国家として日本の元首は誰かということを明示しないままに、「天皇は象徴に過ぎない」と空洞化した「象徴天皇制」を標榜するのは、学術的に見て、憲法学的に未熟だと言わなければならない。国会で問題にして文部科学省としての検定に反省を求めるべきことだと言わざるをえないよね。

現行憲法前文に、「そもそも国政は、国民の厳粛な信託によるものであつて、その権威は国民に由来し、その権力は国民の代表者がこれを行使し、その福利は国民がこれを享受する。これは人類普遍の原理であり、この憲法は、かかる原理に基くものである」というところがあるけれど、この文言からだけでも、国民は直接に権力を行使するのではないことが分かる。権威は国民に由来しその信託を受けて、国民の代表者が権力を行使するという意味で、ここでも権威と権力の分離の下に、権力の行使について述べている。日本国憲法草案の起草に関係した占領軍の担当者には、憲法の専門家がいなかったと言われるけれど、このような文言を見ると、調査官より、あるいは日本の憲法学者より、この占領軍の軍人たちの方が憲法学的に上だということになる。

調査官の人たちは、大変な重責を担っているのだから、公民教育とは何かを考え、日本の歴史も踏まえ、もう少し深く憲法学を研究しておいてほしいと思う。形式上でいえば、審議会の責任だけどね。

小山　いや、さらに劣化していく最近の「憲法学」しか研究していないからこうなるのでは。最近は、日本の元首を総理大臣と捉える解釈が有力なようですから。

家族と効率・公正の問題

小山　天皇関係のことはこれぐらいにして、「家族」の問題に移りましょう。そこで学習指導要領に新しく取り入れられた「公正と効率」の問題を見ていきたい。詳しくは先に紹介した私の書『公民教科書検定の攻防』を見てほしいんだけど、この問題について検定過程はどうであったか。

家族に関しては、再び強調しておきたいけれど、平成二十二年度検定で恐ろしい事態が進行していました。東京書籍、日本文教出版、清水書院の三社が、家族論をテーマとする単元を設けなくなったんだ。私は、「つくる会」と関係するずっと以前から、つまりは二六から二七年ほど前から戦後の中学校公民教科書史を追いかけていますが、家族論の単元を設けない教科書が登場したのは初めてですね。なぜ、そうなったのか。学習指導要領から「家族」の文字が消えたからです。ついでに言うと、平成二十九年に改訂された学習指導要領でも「家族」の文字がないんですよ、全く。家族論を展開しなくても検定が通る仕組みが完全にでき上がってしまったんですよ。

杉原　それにはびっくりした。

小山　このように家族に関する教育の解体が進む状況の中で、我々の『新しい公民教科書』は、家族論に力を入れたいという思いもあって、七社の中で唯一、家族について二単元割いて説明しました。特に、教科書史上初めて、家族がもつ四つの意義を明らかにしたことに自負を持っています。

一、家族が共同体であること、社会国家の基礎単位であること
二、家族間の愛情を育む場であること
三、子供を保護し教育する場であること
四、祖先から子孫へ縦につながること

これら四点について戦後の公民教科書がどう書いてきたか、少し説明しますね。
私は、平成二十二年に書いた『公民教育が抱える大問題——家族と国家が消えていく』（自

由社　二〇一〇年）や平成十七年に書いた『公民教科書は何を教えてきたのか』（展転社二〇〇五年）を刊行する時に調べたんですが、本当にひどい話です。最近の教科書の多くは、家族について右の「一」の「社会国家の基礎単位」であることも記さないんです。昔の公民教科書は必ず書いていたんです。

最近の教科書が記すのは「二」だけです。「三」や「四」は最近の教科書は記したことはありません。「三」を書かないのは、それは社会全体から見たとき、そして子供の成長発達を考えたとき問題です。教科書執筆者には、親が子供を保護監督・指導教育するということは平等主義に反するという、浅薄な考え方があるからでしょう。これでは子供のためにならない。「四」については、恐らく、戦後教科書史上書かれたことはないと思います。

右の四つの意義を押さえる家族論は、世間一般の常識にも適い、子供のためのものになっていると思いますが、最近の一般的な教科書とは大きく異なる家族論なんですね。しかし、二単元ある家族論に対して検定意見は二ついたものの、我々と調査官との間で対立は全くありませんでした。調査官も家族の大切さをよく理解してくれたのです。この点では調査官を評価すべきだ。

杉原　そうだよね。ところで、家族に関してだけど、「公正と効率」の問題にからんで制作作業の中で小山先生は何か怒りましたよね。

小山　そう。我々の教科書が検定合格になって、採択戦に供されている平成二十三年の夏ぐらいになって、私はショックを受けたんです。先の家族の単元の中ではなく、単元6「共同社会と利益社会」の中のことです。単元6は私が執筆したところですが、共同社会の典型的代表として家族を、利益社会の典型的代表として企業を取り上げて、両者を対比させて書きました。すなわち、「公正と効率」の小見出しを付けて、次のように両者の性格が異なることを記していたんです。

企業などの利益社会は、特定の目的・利益を実現するための集団ですから、メンバーのあいだで意見の対立が生まれた場合には、目的・利益に照らし合わせて解決策の合意をはからなければなりません。その場合に重要なのは、公正と効率のバランスをみきわめることです。一方、家族などの共同社会は、特定の目的の実現を目指した社会集団ではないため、効率性を問題にすることは適切ではありません。

そして、この傍線部分に側注④として、次のように記していました。

例えば、「効率的な家族」などを考えることはできるだろうか。親子の例にみられるように、親しさや身近さに基づき、愛情で結ばれた人間関係が、私たちの成長発達に大切なのである。

このように申請本で記した狙いは何かというと、平成二十年の指導要領が孕んでいた、利益社会論に基づく社会解体の思想と対抗しようということでした。

単元の中の本文や側注に出てくる「公正と効率」、そして「対立と合意」ということは、平成二十年版学習指導要領と解説書の最大の目玉でしたよね。学習指導要領としては初めて出てきました。学習指導要領を作った人は、恐らく、いろいろな社会集団では対立が生まれるが、それらの対立を解決して合意を形成しなければならないとまず考えるんでしょうね。これが第一段階の考え方です。次いで第二段階として、合意を形成する時に、一番重要なのは「公正と効率のバランス」を見極めることであると考えるんですね。まさしく利益社会の考え方を基本にしているんですよ。

今よく考えると、対立があるからといって放っておいてもよいという場合がありますから、第一段階の考え方から少し問題があると思います。ですが、平成二十年当時、私は、第一段階の考え方に対しては抵抗は全くありませんでした。ただ、第二段階の考え方に対してはおかしいじゃないかと考えたのです。確かに、「公正と効率のバランス」を一番重視するという考え方は、企業などの利益社会、経済社会には通用するといってもよいでしょう。少し疑問はありますが、いちおう、通用すると言ってもよいと思います。しかし、特に原初的な共同社会である家族には、基本的には通用しないと考えたわけです。それなのに、無理に家族にまで「公正と効率」、そして「対立と合意」という考え方を押しつけようとする学習指導要領は、合意が上手く作れなければ解散してしまう利益社会のようなものに社会全体を変化させようとしているのではないか、と私は捉えたわけです。

もちろん、家族などの共同社会においても、公正の観点や効率の観点から物事を考えることはありえます。ですが、共同社会には、公正や効率の観点以上に重要な事柄があるはずだ。共同社会では、その存続自体が目的となりますから、「和」とか心地よさといった情緒的なものの方が重要ではないか。

そういうような考え方から、上記のように申請本を記したのです。この記述に対しては、まったく検定意見はつきませんでした。ところが、夏ごろになって気づいてみると、検定合格本は、申請本の傍線部が次のような文章に修正されていたんです。

> 一方、家族などの共同社会は、特定の目的の実現を目指した社会集団ではないため、効率性だけを問題にすることは適切ではありません。

傍線部の「だけ」という言葉が入ったのです。後から聞いたのですが、三月に調査官から電話で修正要請があった結果、このような修正がなされたのだといいます。その後、現実に平成二十四年度から使用された教科書では、執筆者側からの修正として、次のように「だけを問題にする」という部分が「だけを重視する」に変更されています。

一方、家族などの共同社会は、特定の目的の実現を目指した社会集団ではないため、効率性だけを重視することは適切ではありません。

私としては、本当は「だけ」という言葉を削りたかったのですが、少しはましにしようと思い、「問題にする」を「重視する」に修正したのです。今見直してみると、さらに「だけ」を削って、「効率性を重視することは適切ではありません」にすべきだったと思います。

杉原　この修正、別に問題ないのじゃない？

小山　何を言っているんですか。検定合格本の記述も平成二十四年度使用版の記述も、家族の本質から見てともに無意味なものになっているんです。企業などの利益社会でも、「効率性だけを問題に」したり、「効率性だけを重視」したりすることは決してないはずです。こんな書き方をすれば、せっかく利益社会と共同社会の区別を行ったのに、結局、共同社会も利益社会と同じようなものとなってしまうんです。

杉原　だけど、家族だって、同じ商品なら、安い値段で売っている店に行って安い方を買い、お金を節約するということで、家族においても効率を重視しなければならない場面はあるんではないですか。

小山　いや、本質の問題ですよ。共同社会と利益社会との区別は、我々の教科書の大きなポイントであったのだから、こんな妥協をしてはいけないんです。

なのに、渡辺眞編集長が私に相談もしないで勝手に書き換えた。

杉原　でもね、家族の生活の中にも効率を考えなければならない場面があるのだから、このような修正意見を出してきた調査官も自然だし、このような修正原稿を作った渡辺編集長も自然だと思うけれど…。「効率性だけを重視することは適切ではありません」で、家族にはもっと大切なものがあるという意味が出ていると思うけど。

小山　だったら、そういうふうに文章をよく考えて推敲すれば表現できるはず。これではやはり、家族でも企業と同じように「公正」と「効率」という二つの価値こそが基本的に重要なものであるという意味になる。家族と企業が同質のものにされているのです。家族を利益社会化しようという検定側の狙いに見事にはまったのです。

渡辺氏は、この単元を担当している私にまったく相談しないで、こんな修正文を作って提出したんだ。

杉原　確かにこの修正文を作ったのは渡辺編集長だけど、すべての修正は代表執筆者の私の了解の下に行っているという建前からすれば、この修正の責任は私ですよ。私が小山先生に相談しないで、修正して提出した…と。

我々は運動として教科書を作っている。つまり商売としてではなく、あるべき公民教育を求めて公民教科書を作っている。だから、基本的には無給のボランティアである。小山—渡辺—杉原の間でのこのようなトラブルが起こるのは避けられないね。

小山　まあね。運動団体だから、主義主張を持った人が集まっており、なかなか収拾がつかないというのは実感を持って分かった。

公民教科書における宗教論は

杉原　そこで、あるべき公民教育を求めてということだけど、我々の教科書で、単元と同格扱いの「もっと知りたい」という大コラムで、「科学とは何だろう」「宗教とは何だろう」「芸術とは何だろう」という三つのテーマを取り上げたことについて述べておきたいね。

これは青年前期にさしかかっている中学生に、人間とは何だろう、生きるとは何だろうということを考えさせてみようとして設定した極めて重要なテーマだ。心の教育のためと言ってよい。心の教育のためとして、人間の精神の活動の三つの基本となる科学、宗教、芸術の三つのテーマについて書いたんだ。単なる知識ではなく、自分とは何だろう、生きるとは何だろうと、人間の精神の活動にかかわる根本的な問題として、科学、宗教、芸術の基礎の基礎を考えるように促したんだ。これは我々の教科書として十分に誇ってよいものだよね。人間教育としての公民教育として追究した結果だった。

教科書採択にかかわる教育委員会の教育委員のうち、この三つのテーマの記述のあることの意義について気づけた委員は、教育とは何かがよくわかっている委員だということになるけど、実感として、そのような教育委員はけっして多くはなかった。

特に宗教の問題について、焦点を絞って見ておきたい。小山先生、戦後の公民教育の歴史に詳しい立場から、宗教ないし宗教教育について一言言ってください。

小山　そうですね。占領下でつくられた学習指導要領は宗教教育を重視していたこともあって、昭和二十年代の検定教科書は、「私たちの生活と宗教」といった章を置き、三〇頁ほどの分量を宗教の説明に費やしていました。そして、仏教・キリスト教・イスラム教の世界宗教と神道について詳しく解説していました。

だけど、昭和三十年度以降の時期になると、宗教教育が衰退し始めるんです。三十年度使用開始教科書で見ると、半分ほどの教科書は、前の時期の教科書と同じく、宗教について一章を設けて、世界宗教と神道について詳しく解説しています。ところが、残りの半分の教科書は、宗教について小見出し扱いするか、小見出しさえも付けなくなり、三大宗教や神道について書かなくなるのです。

昭和三十二年度、三十三年度使用開始教科書になると、宗教について一章を設けて三大宗教などの説明をきちんとしているのは、私の確認した限りでは二つだけです。宗教に関する説明がしだいに蔑ろにされてきたことが知られます。この後、昭和三十七年度以降になると、さらに著しく宗教教育が衰退していって、昭和五十三年度以降には宗教に関する記述が公民教科書から完全に消えてしまうんですね。

杉原　私は、それは第四章で示した憲法の政教分離に関する誤った認識が広がり始めたことと、教育全体が心の教育を重視しなくなったことと呼応していると思うんですね。

日本ではね、神道と仏教が調和して、宗教について意識的に考えなくてよい柔らかい宗教文化の社会を形成している。そこで改めて宗教とは何かを考えさせなくてもよいというような、つまり一見、宗教を無視してもかまわないような雰囲気がある。
その点では、占領下でアメリカの学習指導要領を基にした占領下の最初の学習指導要領は、極めて細かく宗教教育に関することを記載して、そのために教科書に宗教教育の記述がふんだんにあった。学習指導要領の基となった当時のアメリカのコース・オブ・スタディーはキリスト教という前提はあったけれども、宗教とは何か、宗教の社会生活に果している役割は何かということで、宗教を考えさせるなかなかよい教育をしていたんだよね。

考えてみるに、心の教育として、宗教とは何かを一度も掘り下げない教育というのは、心の教育として考えられないのではないか。理想だけれど、宗教とは何かは国語科などでも扱わなければならない。その社会に果している役割などは公民教育として教えなければならない。その点、平成十八年の教育基本法改正では、知識としての宗教教育を重視する方向を打ち出した。普遍的な教育を求める教育基本法として当然のことだよね。

小山　それを受けて、我々は宗教について掘り下げ、さらに併せて、人間を見つめるためにとして、科学、芸術も掘り下げたわけだ。だけどそのことを十分に理解してくれた教育委員はいたのか。先ほど多くないと言われたけれど。

杉原　数は少ないけれど、やはりいたと思うよ、採択には結びつかなかったけれどね。

ついでながら、ここで高等学校の「倫理」について述べておきたい。

「倫理」とは、人間はいかに生きるべきかをテーマとした、先人たちの苦闘の歴史が詰まっている教科目だ。青年中期というべき高等学校では、自我の目覚めに相応して、心の教育として「倫理」は確かに必須だ。

昭和三十三年の指導要領改訂で、小学校と中学校で特設「道徳の時間」が置かれるとき、高等学校では特設「道徳の時間」ではなくて、「倫理と社会」という科目名だったけれど、「倫理」が必修となった。しかるにその後「倫理」は必修科目ではなくなり、今日ではほとんどの高校生が、自我の目覚めに応じた最適の科目「倫理」を勉強しないままに卒業することになっている。これは青年期の教育として深刻な問題だよ。

そのうえ、平成五年大学設置基準が改められ、教養教育が手薄となってしまった。とすると、宗教とは何かということも含め、日本人は哲学や倫理学を勉強したことのない浅薄な国民が大量に育成されていることになる。

教育とは何か。その核の核は、人間とは何かということで、人間になるための教育でなければならないのに、そのような観点がなくなっており、その観点がないままに、日本国民の教育が議論されてきている。中央教育審議会も、そこのところに気づいてほしいと思うね。

ともあれ、我々の教科書は、あるべき公民教育とはどんなものか、それを追い求めて作っている。そのことを教育関係者に理解してほしいね。

小山先生は、我々『新しい公民教科書』の次期代表執筆者として頑張ってくださいね。

小山　他にしなければならないことがたくさんありますが、「つくる会」の使命を考えて頑張るより仕方ありませんね。

なぜ「公共の精神」が公民教科書で書かれないのか

杉原　そうだ。もう一点、公民教科書として言っておかなければならないことがあった。平成十八年に改正された教育基本法で、公民教育で最も密接にかかわる目標事項は「公共の精神」だよね。「公共の精神」を重視しないで公民教科書はありえない。改正された教育基本法としても、「公共の精神」は前文と第二条とに二度出てくるんだ。しかし平成二十三年度の採択戦に供された公民教科書は七社のものがあったのだけど、この「公共の精神」のことを書いたのは我々の教科書だけだったんだよね。これにはびっくりした。

原因は、学習指導要領に「公共の精神」がなかったからだと言わざるをえない。だから学習指導要領も問題なのだけど、どうしてこういうことになったのか。それで、多くの会社の公民教科書で「公共の精神」が書かれていないことが、世間で公民教科書の問題として問題にならなかった。教育課程は中央教育審議会で審議するけれど、この事態がよく見過ごすことができるよね。教育基本法から見ても許されないことだったのに。

小山　この問題は大切ですね、私は、ずっと中学校の公民教科書や歴史教科書の内容史を研究してきた立場から、平成二十二年度検定を受け二十三年度採択戦に供された公民教科書を分析しました。その立場からもう少し正確に言うと「公共の精神」は言葉としては育鵬社の教科書に一回出るけれど、説明はなく、索引にも登録されていなかった。ほかの東京書籍、日本文教出版、教育出版、清水書院、帝国書院には全くなかった。

さらに言うと「愛国心」ね。公民教育はそれこそいわゆる主権者教育、将来は政治にかかわる選挙民、有権者を育成する教育ですよ。日本がよい国になるための選挙民、有権者を育成する教育で、先ほどの「公共の精神」も含めて「愛国心」について考えさせなくていいのかという問題があります。

平成十八年の教育基本法改正に熱心に取り組んだ、自民党の人たちはこのことに気が付いていますかね、教育基本法を全く無視しているのに。

杉原　小山先生は平成二十六年度検定を経て平成二十七年採択戦に供された歴史・公民教科書の分析もしているよね。

小山　そう。昨年出版した『安倍談話と歴史・公民教科書』（自由社　二〇一六年）の中で分析しています。平成二十七年採択戦に供され平成二十八年度から使われている公民教科書で同じところを分析するとね、「公共の精神」は我々の自由社は当然あるとして、育鵬社は、言葉として少し説明が加わるようになった。だけど、他の会社は依然としてありませんね。「愛国心」については、自由社は当然あるとして、育鵬社が自由社ほどではないけれど、詳しくなった。言葉も定義もある。だけど、他の会社はいっさいない。

繰り返すけれど、「公共の精神」や「愛国心」を教えないで公民教育は成り立つんですか。教育基本法が改正されたのに、公民教育は全然よくなりませんね。いや、家族論が消えていっていることを踏まえると、悪くなっているんだな。

杉原　そんな状況を考えると、我々「つくる会」は教科書改善のために大切な仕事をしていることになるね。教育基本法改正に邁進した人たちは、もう少し「つくる会」を評価してくれてよいのではないか。我々は教育基本法を実現するため公民教科書を作っていることになる。

私は思うんだよね。中学校社会科公民的分野は「よりよい社会を目指して」というところで「持続可能な社会を形成する」とある。私は公民教育の究極の目的は、この「持続可能な社会を形成」ということだと思うんだ。そしてそれは世界に及び、人類全体のためでもなければならない。しかし、日本の公民は、直接には日本の政治にしか関われないし、直接の責任も課せられていない。とすれば、その観点から、つまり、世界及び人類全体とともに、持続するという観点の下に、我が国への「愛国心」は必要だし、「公共の精神」も不可欠だ。しかし「愛国心」も「公共の精神」も、学習指導要領からして書いてない。正確には、公民的分野の「目標」の個所では「愛国心」だけは「自国を愛し」という形で出てくるけれども、教科書内容を直接に拘束する「内容」と「内容の取扱い」の所では、「愛国心」も「公共の精神」も出てこない。そのために、ほとんどの教科書でこのことが書いてない。

そして、憲法では、誰が元首かを明示しないままに、天皇は元首かどうかわからないとして、天皇は元首と見ることができるという政府の見解をも書かせない。

ということは、学習指導要領、教科用図書検定調査審議会、調査官そろって「持続可能な社会の形成」に反することをしている。もしこのことを自覚しながら確信的に公民教育に悖ることをしているのであれば、先ほども言ったかもしれないけれど、それは国家公務員として罪を犯していることになる。確信的に公民教科書を悪くしようとしているとまでは考えられないから、要するにこれらは関わる人たちの不勉強によるものだと思う。だとしたら、この問題は、国会の文部科学委員会などで審議検討してもらわなければならない問題だね。

小山　そのとおりですね。

企業は誰のものか

小山　ところでもう一つ話したいことがある。杉原先生が、公民教科書を作るとき、よく言っていた話。杉原先生は、主に第4章の「国民生活と経済」のところを担当されましたよね。その中で単元外の「もっと知りたい」の「企業はだれのものか」は私が書いた。

人びとの生活になくてはならないものは、現代社会では通常「企業」によって生産される。その企業が誰のものかということで、企業にかかわる人は、三つのグループに分ければ、企業設立の資金を出した株主、企業の経営方針を経常的に決定する経営者、そしてその経営方針に基づいて生産労働に従事する従業員とがある。私は、最終的には会社は社会のものであるというところに少し強調点を移してまとめたのだけれど、そのことは別として、企業は、株主、経営者、従業員のうち、誰のものだと最も強調すべきだと思いますか。

杉原　この問題、私も考えているんですよ。若干これからの社会に向けての政策に関わる問題だから、我々公民教科書執筆者として、その結論を決めてそれを生徒に強要すべき立場にはない。そのことを確認した上で言うんだけど、書面上は企業は株主のものだよね。書面上で言えば、株主が資金を出し、施設・設備を整え、経営者と従業員を雇って、財を生産するわけだから、施設・設備は株主のものだということになる。それを考えれば、企業は株主のものだよね。

しかし、経営者も含めて企業で働く人たちは、実際には運命共同体として生産活動を目的とした共同社会を形成していると言える側面があるよね。そして、株主が出資している資本は、企業が株主から資金を借りているという実態に近いともいえるよね。企業で働いている人から見ると、株主からお金を借りて施設、設備を整えて生産労働をしている生活共同体というところだね。企業では人がただ集まっているだけではダメで、生産活動に関係して、技術的関係で結集しておかなければならない。そして他の企業との競争の中で、生産の条件を確保しようとする運命共同体ね。そして働いている人は賃金という形で、生産労働の報酬を得て、生活の条件を確保している。

小山　そうすると、企業は経営者も含めたその企業で働いている者たちのものだということ？

杉原　そうとばかりは言えないのだけど、企業はだれのものと言ったとき、最も強調しなくてはいけないのは、労働者が生産労働をし、生産者として生活していることだと思うわけ。

ものを生産するための施設、生産設備が必要なことも分かるけれど、生きて生活している社会の構成員が労働を提供して働いているんだから、社会的には労働者の立場がいちばん尊重されなければならない。そこから考えれば、企業で何かを生産するために働くということは、その生産されたものを買って消費する消費者の人たちのために役だっていると思うわけね。つまり、生産者と消費者は結局は同一で、社会の構成員そのものとなる。そのために企業で働くということは、社会のために役立つ仕事をしているといえるわけで、結局は、社会の生産活動を分担しているということになるわけね。だから、労働に従事するということは、社会的には最も大切な社会参加ということになる。

小山　言えば言える。

杉原　そこで少し脇道に外れるけれど、若い人たちに非正規雇用を容認する社会はよくないと思うわけ。非正規雇用というのは、企業で一度定年になった人が、持てあます労働力、社会に役立つ労働力をもう一度社会に役立てるために雇用してもらう制度だと思う。

　若い人は学生のバイトのようなものを除いて、原則として正規雇用であるべきと思う。というのは、若い人たちは同時に結婚し、子育てしなければならない社会の持続を図る上で最も重要な時期を生きているのだと思ってよいよね。出生率が下がり、人口減少を問題にしているとき、若い人の雇用はできるだけ安定したものにして、安心して子育てができるようにしてあげるべきだと思う。

　非正規雇用を増やすことは企業としての利益を上げる上では、有意義かもしれないけれど、若い人たちの労働を通じての社会参加を疎外し、持続可能な社会の形成を損なっていると思うね。

小山　企業論、雇用問題と関連して、ＴＰＰについてどう思いますか？

杉原　ＴＰＰがいいか悪いかは、政策にかかわることだから、公民教科書執筆の立場からは言わない方がよいと思う。

ただ、本年、アメリカでトランプ氏が大統領に就任して、トランプ氏は早々にＴＰＰ脱退を宣告したよね。そして、アメリカで消費するものはアメリカで生産しろと言っているね。私はこれは一面で正しいと思う。

現在、グローバル化することは何でも正しいことのように見る風潮があるよね。検定を経てできる公民教科書も、全体的なトーンとしてはそのような風潮の下にあるといえる。

しかし、アメリカの企業所有者、つまり株主が世界でいちばん安い労働力を探して、そこに生産拠点を移し、財を生産して売る。労働力が安いから安く生産でき、それだけ販売力が出てきて、よく売れて儲かる。一見経済成長につながっているように見える。しかし地元のアメリカ国内の労働者は、労働の場を失うことになる。

その上、評判の悪いタックスヘブンの問題ね。会社の本拠地を、生産や消費の場と関係なく、最も税金の低いところに移して、会社の収益を税金としては支払わないで、儲けは株主だけで分け合う。これでは貧富の格差は拡大するのは当然だ。グローバルに見たとき、地球規模の市場経済はけっして健全に進んでいるとはいえなくなっている。

だからトランプ氏のように、財は消費者のいる傍で生産しろ、資本移動、技術移動はかまわないけれど、生産は、その消費者のいる国内で行え、というのは、一面正しいと思う。逆に言って、消費者は最も近場で生産されているものを消費しろということだ。だって近場の人が働いて生産しているのだから、それを消費すれば、目に見えている近辺の人が生活できるようになる。

小山　言えてますね。

杉原　以上で、これまでの公民教科書の問題を終えて、次期の検定教科書の話しに移りましょう。小山先生、公民教科書次期代表執筆者として、どのような公民教科書をつくりたいのか、力を入れて話してください。

小山　いや、まだ漠然としか考えていません。ただ、真っ先に実現したいと思っているのは、「日本国憲法」下の日本の政治体制について立憲君主制と位置づけることです。平成二十六年度検定に合格した育鵬社教科書は、直接現在の日本の体制を立憲君主制と表現しているわけではありませんが、現在の天皇の在り方が「現代の立憲君主制のモデルとなっています」というふうに書いています。ですから、もう一歩進めて、明確に、現在の体制を立憲君主制と表現して検定合格を勝ち取りたいと考えています。

前に述べたように、権威と権力の分離ということは、君主制の立憲主義国家にとって極めて重要なものです。いや、共和制の立憲主義国家でも重要なものです。そして、権威としては大統領よりも君主の方が優れていますし、君主の中でも最も優れた権威が日本の天皇です。権威と権力を分離させた体制は、象徴天皇制という表現では表わせません。立憲君主制と表現しなければなりません。立憲君主制と位置づけて検定合格することが、前回の検定過程から続く、我々の悲願です。

杉原 そうだよね。前回の悔しさを晴らすということだよね。他に、力を入れたいことは？

小山 他には、やはり、国家の思想を掘り下げたいですね。国家の役割として国防というものが極めて重要だということを、政治編の箇所と国際社会編の箇所で、理論的・実際的に展開したいですね。そして、「日本国憲法」第九条は、国防という重要な国家の役割を放棄したものであることを生徒に分からせるような教科書記述を心がけたいですね。

それから、戦後の日本というのは、連合国に押し付けられた「日本国憲法」の作られ方からしても、敵国条項の存在からしても、未だに戦争前の「悪行」について責め立てられていることからしても、極めて理不尽な目に遭っているわけですね。いや、人種差別を受けていると言ってよいと思います。

その理不尽さ又は日本人差別性を生徒に分からせる例を展開したいですね。具体的には、「日本国憲法」成立過程の異常さをさらに展開し、敵国条項の具体的な恐ろしさを展開したいですね。また、竹島や尖閣、北方領土をめぐる記述や日本人拉致問題の記述をさらに充実させたいですね。竹島などの問題は、今回の指導要領自身がきちんと書くように要請しています。

さらに言えば、差別問題の所で、今の日本社会が日本人を差別する構造を孕んでいることを指摘したいと考えています。例えば、昨年五月に「本邦外出身者に対する不当な差別的言動の解消に向けた取組の推進に関する法律」というものが新たに成立したんですね。普通「ヘイトスピーチ解消法」と略称されています。諸外国でヘイトスピーチを問題にする時は、あらゆる人による、あらゆる人に対するヘイトスピーチを問題にするんです。ところが、日本の「ヘイトスピーチ解消法」は、日本人から「本邦外出身者」すなわち外国人に対するヘイトスピーチ（不当な差別的言動）だけを問題にするものです。外国人から日本人に対するヘイトスピーチは問題にしないんです。怖ろしいまでの日本人差別法が昨年できたんですよ。これほど自国人を差別する国は、世界中探しても存在しないでしょう。ともかく、この日本人差別法のことを書けたら書きたいですね。恐らく、検定で削られるでしょうけど。

そんなところです。

杉原　そうですか。では最後に、公民教科書の前代表執筆者として、次期代表執筆者を引き受けていただいた小山先生のためにも、この対談本の読者にぜひお願いしたいことを言っておきたいと思います。

小山　例のお願いの件ですか？

杉原　そうです。私どもは、先ほどから言っていますが、あるべき公民教育を目指して、公民教育として最もふさわしい教科書をつくってきました。教育基本法を空洞化させない教科書です。

しかし残念ながら、平成二十七年の採択戦で全国の公立学校で、一校も採択されませんでした。つまり、すべての教育委員会が採択しなかった、ということですね。公民教育とはどのようなものであるかを見ていただいた識見の高い、いくつかの私立学校に採択されておりますが、それは本当に限られた私立学校です。

そこで、次期の公民教科書をつくる資金はどこから集めてくるかの問題に衝き当たっています。

他の会社は、それなりの採択率を確保していますから、その収益の中から次期教科書を制作する費用を取り出すことができます。我々は事実上収益がゼロですから、ゼロを出発点として、どこからか、その巨額な資金を集めなければなりません。

この対談本を読んで、この教科書づくりの灯を消してはならないと思われる方に、支援していただきたいわけです。寄付をお願いしたいわけですね。寄付でなくて「つくる会」会員になっていただくのも支援ですね。あるいは寄付できない場合でも寄付していただける人を紹介していただければ、それも支援になりますね。

本当に、現時点で我々は制作資金ゼロですから、私どもの教科書づくりに賛成していただける方の支援がどうしても必要なことを、この対談本の読者の方に理解していただきたいと思います。

あるべき公民教育を求めて、教科書づくりをしているわけで、公民教育改善のためにも、我々の公民教科書が作れなくなって、公民教科書づくりから撤退するようなことがあってはなりません。支援をお願いするということですね。

小山　私の方からもよろしくお願いしたいと思います。

第六章

突如提案された安倍首相の第九条改正案

安倍首相の第九条改正案批判──憲法改正の自己目的化

杉原　ところで、この対談は本年（平成二十九年）六月三十日までのことで続けています。そこでですが、憲法改正をめぐって、五月三日、憲法記念日に安倍晋三首相は、自民党総裁として、第九条の戦争放棄の条文に、現行条文に自衛隊のことを明記する改正案を提起した。これが自民党内でも大勢となりつつある。

小山　この五月三日の安倍首相の第九条改正案、私は杉原先生と意見が違うかもしれないけれど、言いたいことがある。

杉原　そうですね。五月五日に、安倍首相の第九条に第三項として自衛隊を明記する案に対して、小山先生のブログ《「日本国憲法」、公民教科書、歴史教科書》で、怒り心頭に発するような言辞を吐いておられますね。

小山　「怒り心頭に発するような」ではなく、まさに怒り心頭に発したんですよ。そして、体感として、日本は滅んでいくなと思い、そのために体調まで崩してしまいました。

ともかく、私は、安倍改憲構想に全面的に反対です。その理由は、三点ほどあります。一つは、「日本国憲法」無効確認路線ではなく、「日本国憲法」改正路線を取っていることです。二つは、「日本国憲法」改正という形をとるにしても、「日本国憲法」の無効性を確認する前文や条文を置かないことです。

ですが、怒ったのは、この二つの理由からではありません。第九条第二項を残してしまう改憲案を出してきたことに怒ったのです。これまで、改憲を主導する人は、絶対に第九条第二項の廃止という線は守ってきました。私も、「日本国憲法」改正という形でも、第九条第二項が廃止されれば国家意識が回復して少しはプラスとなり、「日本国憲法」を正当化する大きなマイナスも、多少は埋められることになるとも考えてきました。総合的には、プラスマイナスゼロかなと思ってきました。保守派とされる人たちが、慰安婦問題に関する日韓合意や「ヘイトスピーチ解消法」という日本人差別法にも我慢してきたのは、第九条第二項の廃止だけはやってくれると信じてきたからでしょう。安倍改憲案は、いわゆる改憲派に対する、とんでもない裏切りなのです。

安倍首相は、改憲を自己目的化して、何のための改憲かということを忘れてるんですね。改正目的は、日本を独立国にすることでしょう。第九条第二項を残したまま、日本を独立国にすることは不可能です。第九条第一項、第二項に手を付けないということは、日本を永続的に独立国ではなく、どこかの国の属国にし続けることを意味するんですよ。それで怒らないのですか。

交戦権否認は自衛権否定ということ

杉原　日本国憲法が本来は無効なものであるというのは、すでに第一章、第二章で語り合ってきたから、ここでは、三番目の、永久に属国化の道を歩むというところに焦点を当てて話しましょう。なぜ、そのように主張されるのか。国際法の視点が入っているんですよね。

小山　私は、このところ、戦時国際法の研究をしていますが、第一項、第二項をそのまま残すということは、実は自衛権の放棄と同じことなのです。

杉原　日本政府は、これまで第一項、第二項があっても、自衛権は認められており、自衛のために自衛隊という実力部隊を持つ、と言ってきましたよね。それが国際法から見て何か問題があるというのですか？　そうならばそこが分かるように説明してください、読者のために。

小山　端的に言えば、自衛権はあると言っても、交戦権を否認すれば、実際上は自衛権もなくなるんですよ。

まず、常識的に、第九条について整理しておきますよ。第九条第一項は侵略戦争を放棄したものですが、イタリア、韓国、フィリピンなどの憲法にもありますし、一定程度普遍的なものです。ところが、第二項は、世界に類例のないものです。どこの国も、こんな規定を置いていません。第二項を読めばすぐ分かりますが、このポイントは戦力の放棄、交戦権の否認という二点です。安倍改憲構想を聴いて、交戦権の否認とはどういうことか、戦時国際法の研究を踏まえて考えてみたんです。交戦国のある外国と交戦権を否定した日本が戦ったらどうなるか、考えてみたんです。

杉原　それで、どうなるの。

小山　戦いは、戦闘自体と補給戦とに分けて考えられます。戦闘自体から考えると、外国は、自国や敵国の領土、領水及び領空でも公海及び公海上空でも闘えますね。ところが、交戦権を否定した日本は「専守防衛」の方針を採っていますから、原則として日本の領土、領水及び領空で闘えるだけです。ですから、仮に連戦連勝しても、敵国に攻め入って勝利を確定させることはできないのです。外国側からすれば、日本に対して攻撃を仕かけて撃退されても、絶対に日本は攻め込んでこないわけだから、安心してちょっかいを出し続けることができるわけです。相手国がどんなに小さなミニ国家であっても、日本の勝利はありえないのです。

それから、敵国は自由に日本に対して空爆できますが、日本側はほとんど相手国に対して空爆できません。日本は空爆でさんざん痛めつけられてしまいます。また、敵軍が日本領土に侵入して自衛隊と一か月も二か月も睨みあう膠着状態になった場合、自衛隊は隙を見て突撃できるのでしょうか。その場合に於ける突撃は自衛行動とは言えないという理屈を左翼やマスコミが唱えるのではないでしょうか。交戦権を否認した日本では、戦況が落ち着いてしまった場合における突撃は自衛行動とは言えないという理屈が十分成立するのです。相手国が一定の戦力を備えた普通の中小国だったら、日本は必ず負けます。

杉原　それで、補給戦ではどうなるの。

小山　補給戦は過酷となるでしょう。日干しにされていくでしょう。補給戦で重要なのは、中立国との関係です。中立国に対する権利で最も具体的な効果を持つのは、臨検・拿捕の権利です。交戦権を否認した日本は、敵商船に対しても中立国商船に対しても、少なくとも公海上や敵国領海内では共に臨検することも拿捕・没収することもできません。これに対して、交戦権を持っている敵方は、公海上に於いて、日本の商船を没収するだけではなく、武器や食料などの戦時禁制品を日本へ運ばせないために、中立国船舶を臨検し拿捕する権利を持っています。

それから、日本と戦う敵国は、戦時封鎖権があるので、一定程度の海軍力があれば、自由に日本に対する封鎖線を設定できます。戦時封鎖が行なわれれば、封鎖された港への出入りは完全に禁止されます。中立国船舶も、封鎖線を突破しようとすれば、封鎖侵破とされ、その載貨も含めて拿捕没収されます。これに対して、日本側は戦時封鎖を全くできないのです。

こんな形で戦った場合、日本には食糧も石油も入ってこなくなり、日干しにされてしまいます。自衛隊がどんなに優秀であっても、補給が効かない日本は、戦わずして降参するしかなくなるでしょう。普通の中小国と長期戦で戦った場合、日本は必ず敗北するように定められているのです。

杉原 交戦権を持たなければ、日本が負けるということは良く分かった。それで……。

小山 それで、諸外国は、第九条第一項と同様の規定を持っていても、なぜ、第二項に該当する規定を持っていないのか、リアルに分かったんです。交戦権を持たない国家は、戦争では必ず敗北する、存亡の危機を迎えます。交戦権を否認するということは、自衛権を否定するのと同じことなんですね。実質自衛権がないわけですから、どこかの大国に守って貰うしかなくなり、現在では米国に守って貰い、その「奴僕国家」になるしかないのです（内田樹他『9条どうでしょう』ちくま文庫　二〇一二年）。イタリアでも韓国でも、諸外国は、そのことをちゃんと分かっているからこそ、第九条第二項のような規定を置かないんです。

でも、今の「日本国憲法」は日本人が自分で作ったものではないですから、ある意味、その拘束力は弱いわけです。ですから、本当に侵略されそうになったら、軍事のことが分かる肝の据わったリーダーが居れば、第九条を棚上げにして、自衛隊を軍隊にして交戦権を行使することも可能です。ところが、今度日本人が自ら国民投票までやって「日本国憲法」を改正して、そこに第九条第二項が残っておれば、自衛隊は軍隊になれず、交戦権を行使することも不可能になります。ですから、第九条第二項残存の「日本国憲法」改正とは、日本国民による正式の属国化宣言となるのです。

杉原　ここまでの話しは、外国との戦いの話しだよね。安全保障の問題で考えなければならないもう一つの問題である内乱の場合はどうですか。

小山　内乱と言えば、明治初期、榎本武揚などの旧徳川軍が北海道に立て籠もって、明治政府と交戦したことがありますね。この時、諸外国は北海道の旧徳川政権を正式の交戦団体と認めず、交戦権を認めませんでした。

しかし、例えば今日、中国が半ば公然と推進する沖縄独立運動が大きくなり、沖縄の一部でも占拠して「琉球共和国臨時政府」というようなものを組織した場合のことを考えてみましょう。もしも、中国及び親中国の第三国がこの政府を交戦団体として承認すれば、この反乱団体は交戦権をもち中立国に対して色々な要求を行えることになります。これに対して日本政府は「日本国憲法」第九条の関係で、色々要求する権利はありませんから、反乱団体の方が、日本政府よりも優位な立場に立つ危険性があるのです。

杉原　いや、深刻ですね。他にまだ交戦権否認がもたらす問題はありますか？

小山　交戦権の一つに、捕虜として扱われる権利があります。普通の国の陸海空軍軍人は、捕らえられたとき、文句なく、捕虜として扱われる権利を持っています。捕虜の待遇に関するジュネーブ条約（一九五〇年効力発生）にはほとんどの国家が加入し、日本も一九五三年に加入しています から、国際法的には敵国も自衛隊員を捕虜として扱う必要があるでしょう。政府もそのように解釈して安心しています。しかし、自衛隊員は国内法で軍人と認められていないんです。ですから、例えば中国は、「日本国内の憲法と法律上、自衛隊員は軍人ではありませんね。ですから、我々としても、自衛隊員を軍人とはみなさず、捕虜として扱いません。単なる犯罪人として扱います」と主張してきたら、どうするんですか。

参考までに述べれば、二〇〇一年のアフガン侵攻の際、米国はタリバン兵を「不法戦闘員」と見なし、捕虜資格を認めなかった例があります。いざ戦争の際には、相手方の弱みを徹底して突くのは当然のことです。ですから、日中で武力衝突があって自衛隊員が中国側に捕らえられた場合、隊員の捕虜資格が認められないということは十分ありうることだと考えておかなければなりません。

安倍首相の第九条改正案肯定論

杉原　よく分かりました。しかし私には、小山先生の考え方には厳しい反論があるんです。確かに、現在の日本政府の解釈では、日本は戦力を持っておらず、交戦権も放棄しているという建前の下で、「専守防衛」を言うので、そこに、小山先生の言うような問題点があるというのはよく分かります。言われている限り、確かにそのとおりだと思います。

しかし、私に言わせれば、日本は、国際紛争を解決するための戦争の、そのための戦力と交戦権は持っていないのですが、自衛権はあり、そのための戦力も交戦権も一〇〇パーセント放棄していないのです。自衛権行使のための戦力と、交戦権は有しているのです。憲法第九条はほんらい、このように解釈すべきなのです。

にもかかわらず、第三章でも述べたけれど、戦後最大の愚人宰相吉田茂が、自衛隊を作るとき、「戦力なき軍隊」というような、とんでもない許しがたい解釈をした。そしてその解釈を吉田茂の指導の下に、内閣法制局が引き継いでしまった。そこに、日本の自衛隊、自衛権の悲劇があるのです。

現在の政府の公権解釈で、交戦権はないと解釈したら、自衛権を認めたと言っても、その自衛権は十全の自衛権となっていないではないですか。自衛権がないのと同じですよ。他国が日本を攻撃しないで、公海で海上封鎖をした時には、何もできないということになって、自衛権を認めたことにならないではないですか。

小山　杉原先生のその論の大要はすでに聞いているので、杉原先生の主張に一貫性のあることは認めますけれど、今日の政府の取っている公権解釈の下では杉原先生の論は暴論ですよ。

杉原　だけど、小山先生の、本来の筋論も、確かに正しいけれど、しかしそれが広く国民の理解となってそのとおりにいくかというと、例えば先生の言う、日本国憲法無効論は、筋としては正しくても、そのように無効だという宣言が一度行われるべきだというのも、実際には難しいでしょう。

安倍首相が、第九条第一項、第二項をそのままにして、第三項を追加することは、この無効な憲法を日本国民がそのまま有効化させることで許しがたいことだと言っても、その主張が多くの日本国民に理解されるようになっていくというのは、現実には期待できないことでしょう。

小山　話がズレていますよ。本章では、無効か有効かの話しは横に措いておいて、第二項を残す案を評価できるか否かを議論してきたんじゃないですか。

でも、もう一度「日本国憲法」無効論の話しを先生が出してきたから、そちらの話しに寄せますと、本当に、国民が無効論を受け入れることを期待できないんですかね。そもそも、私はそうは思わないんですね。大体、国民一般は、本当の「日本国憲法」成立過程史を知らされていないですし、無効論の存在自体を知らないのですよ。真実の成立過程史も無効論も、憲法学界やマスコミ、それに国家自体が隠してきたからですよ。

隠されてきたことが全てあからさまになったら、国民一般はどう反応しますかね。そこに期待しているんですよ。私が教科書改善運動に携わる意味もそこにあるんですよ。真実の成立過程史を教科書全体に広げていけば、国民の考え方は変わりますよ。無効論も受け入れられますよ……というふうに期待しているんです。

仮に期待できないとしても、だから無駄だと言うんですか。

杉原　いえ、そうではありません。論としては言うべきことは言っておくべきです。その言っていることがたとえ実現しなくても、そうした論があったというのとないのとでは大いに違います。社会というものは、正しい論を求めて、正しい論によって支えられるというところが確かにありますから。正しい論は決して疎かにしてはいけない。

小山　無効論の話しは後回しにするとして、杉原先生の先ほど言っていた、日本は一〇〇パーセント戦力も交戦権も放棄していない、という論を、もう少し続けて話してください。これも読者のために。

杉原　分かりました。

憲法改正の帝国議会の審査で、共産党の野坂参三議員と、吉田茂首相との間で、自衛戦争をめぐる有名な質問と回答があるよね。

昭和二十一年六月二十八日衆議院本会議で、野坂参三は、正しくない戦争と、侵略された国が自衛のために行う正しい戦争があるのだから、第九条第一項は、「侵略戦争の放棄」とすべきだと質問した。これに対し、吉田は次のように答えた。

吉田茂　内閣総理大臣　戦争抛棄に関する憲法草案の条項に於きまして、国家正当防衛権に依る戦争は正当なりとせらるるようであるが、私は斯くの如きことを認むることが有害であると思うのであります。（拍手）近年の戦争は多くは国家防衛権の名に於て行われたることは顕著なる事実であります。故に正当防衛権を認むることが偶々戦争を誘発する所以であると思うのであります。又交戦権抛棄に関する草案の条項の期する所は、国際平和団体の樹立にあるのであります。国際平和団体の樹立に依って、凡ゆる侵略を目的とする戦争を防止しようとするのであります。併しながら、正当防衛に依る戦争が若しありとするならば、其の前提に於て、侵略を目的とする、戦争を目的とした国があることを前提としなければならぬのであります。故に正当防衛、国家の防衛権に依る戦争を認むると云うことは、偶々戦争を誘発する有害な考えであるのみならず、若し平和団体が、国際団体が樹立された場合に於きましては、正当防衛権を認むると云うことそれ自身が有害であると思うのであります。

小山　野坂は第九条に関する、最も基本的な問題を指摘したんだよね。その後共産党は、第九条についてこのような質問をしたことにまったく触れないけれど、このときの共産党は最も筋を通した。

杉原　そうだよね。それでね、私の言いたいのは、この質疑が行われたのは、六月二十八日の衆議院予算委員会であり、いわゆる芦田修正がまだ行われていなかったときのことだということ。

これが七月二十五日から八月二十日にわたって行われた帝国憲法改正小委員会の審議を経て、第二項の戦力不保持の規定に「前項の目的を達するため」を付すことになりました。

マッカーサーの総司令部の監視のある中で、自由な審議はできず、発言は畏縮していましたが、この改正を提案した芦田均は、後に、この文言を付すことによって「無条件に戦力を保持しないとあったものが、一定の条件下に武力を持たない」ということになったと述べています。

つまり、この「前項の目的を達するため」の戦力の不保持というのは、第一項で放棄した国際紛争を解決する手段としての戦争や武力行使のための、戦力の不保持だということだね。

と言うより、私は、日本には自衛権は残されていると解釈を改めたとき、日本はそのための、つまり自衛のための戦力と交戦権は認められたと思うの。

自衛のための戦力を保持していることは、当然のこととして自衛権を認めるということに含まれていると思うわけ。そしてそのための交戦権も含まれていると思う。もし、交戦権が認められていないというのをそのまま文字どおりに解すれば、戦闘を行う権利がないということでしょう。これを徹底すれば、鉄砲を撃つことも、大砲を撃つことも、すべて交戦権の行使になるでしょう。素手で抵抗するのも交戦だから、素手を使うのも禁止されていることになる。

だから、日本に自衛権は認められていると解した瞬間に、戦力も交戦権もその範囲内で保持していると言わなければならない。

事実、第九条第二項に「前項の目的を達するため」が加わることになったとき、占領軍、つまり総司令部は第六六条第二項に「内閣総理大臣その他の国務大臣は、文民でなければならない」といういわゆる文民条項を追加させている。これは占領軍が、この第九条第二項の追加によって、日本は軍隊が持てるようになったと考えたからであって、軍人がそのまま国務大臣になってはならないという規定だった。

とすれば、日本は自衛権を持っていると解釈を改めた瞬間に、自衛のための戦争と自衛のための交戦権は保持すると解釈すべきだった。

しかるに最大の愚人宰相吉田茂が「戦力なき軍隊」とか馬鹿なことを言って、憲法解釈をぐちゃぐちゃにしてしまった。

それだけではない。占領末期、ダレスがアメリカの国務省から派遣されてきて、軍隊を作れと言っているのに、軍隊ならぬ警察予備隊を作った。そこから発展した今の自衛隊は、先ほど小山先生が言われたように、捕虜になる資格もない警察官の組織となった。

吉田は日本をめちゃくちゃにしたんだね。ダレスは、後に吉田のことを評して、小者だと言っているけれど、首相になる資格のまったくない人だった。

小山　相変わらず、杉原先生の吉田茂批判は激しいね。その話は先生の書いた『日米開戦以降の日本外交の研究』（亜紀書房　一九九七年）で読んだことがある。

無効確認に替わるせめてこれだけのことを

杉原　第九条に関する本来の筋は私の言うとおりだとは思いませんか。だからね、私は、安倍首相の言うように、第三項に自衛隊のことを規定しようというのは、小山先生からは烈火のごとき怒りの対象だけれど、私の立場からは容認できる。

ただね、共産党がすでに反対表明をしていたけれど、第一項、第二項の解釈を、私の言うように改めなければならない。現状のとおりであれば、まさに小山先生の言うような問題を抱え込むことになり、日本の憲法状態、ないし、国の状態は、まさに小山先生の言うように、必ず、憂うべき状態になる。

小山　杉原先生の言うように進んでいくのであれば、それはそれで問題ないとも言える。でも、さっき言ったように、政府解釈は、安倍首相も含めて、全て芦田修正の立場は採らないと明言しているんですよ。田村重信『防衛政策の真実』(育鵬社、二〇一七年)を参考にしてください。その立場で「日本国憲法」が改正されるわけですから、改正「日本国憲法」で第九条第二項が残れば、やはり交戦権は認められないし、自衛隊は軍隊になれないんですよ。日本は、ずっとどこかの大国の属国であり続けるわけです。しかも、現行の「日本国憲法」の場合は自ら選択したものではないけれども、改正「日本国憲法」は自分で選択したものだから、正式の属国化宣言になるわけですよ。

そこで、もう一度無効論の問題に戻りますと、安倍改憲では、一度無効確認をすべきだという私の主張は、とげられないままに終わりますね。

杉原　だけど、無効宣言に替わる何かアイデアをお持ちだったでしょう?

直接に無効宣言をするということが、今日の日本国民の日本国憲法を捉える捉え方からすれば、そう簡単に実現するとは思えないでしょう。

小山　私もそのような状況が分からないではない。でも、前に述べたように、歴史戦で勝つためには、やはり無効確認が必要だと思っているわけです。ちょっと指摘しておきますと、私の立場からすれば、無効宣言という言い方は避けたい。宣言と言うと、有効なものを無効にするというニュアンスも入ってくるので。あくまで、私自身は、無効確認という言い方をします。

ですから、私は、何度も言うけれど基本的には「日本国憲法」改正という形に反対です。だが、もしもこの形を採るとすれば、あるいは「日本国憲法」の無効確認をし帝国憲法復元改正という形を採るとしても、フランス憲法にならって、占領下の憲法改正禁止規定を置くべきです。何度も指摘してきたことです。改めて提案しておきたい。

フランス第五共和制憲法（一九五八年）第八九条第四項

領土が侵されている場合、改正手続きに着手し、又はこれを追求することはできない。

「日本国憲法」改正という形を採るならば、何よりも第一に、このような規定を置かなければなりません。日本に合ったように少し変える必要があると思いますが、フランス憲法のような規定が必要です。これは、憲法制定権を日本に取り戻す宣言なのです。「日本国憲法」を押し付けられた時点で、日本は憲法制定権を失った状態となっています。帝国憲法復元改正という形を採れば、それは「日本国憲法」成立過程の非合法を確認したことになり、憲法制定権を取り戻すことになります。

しかし、「日本国憲法」改正という形を採れば、「日本国憲法」成立過程を合法化したことになり、外国の憲法制定権を認めてしまったことになります。今後、また特に戦争に負けたときに「憲法」を押し付けられる可能性を大きく広げることとなるのです。

ところが、占領下の憲法改正禁止規定があれば、この規定を根拠に、外国に対して抵抗することができます。過去の「日本国憲法」成立過程に対する批判、総括ともなります。つまり、思想的に日本自身の憲法制定権を回復することができることになるのです。この成立過程に関する討論の中で、日本国民は正気を回復していかなければなりません。

杉原　小山先生のブログで強調されたことですね。

確かにこのような条文の追加は、占領軍から憲法を押し付けられて七十年、この程度のことは覚悟すべきでしょうね。そして現行憲法の無効宣言は諸般の事情からできないとしても、改正のための国会での説明の中では、この憲法は、日本国民が自由意志を持っていなかった時に、占領軍によって押しつけられたものが骨子となっている、との説明があるべきでしょうね。

小山　当然です。

杉原　ところでね、憲法改正と解釈の問題が出たから言います。日本国憲法には、天皇は「元首」と書いていないから改正として「元首」と新たに書き込むべきだという改憲意見がありますね。

私は、これに反対なんです。というのは、第三章でも少し触れたけど、これは純粋に解釈の問題だからです。憲法に直接「元首」と書いていないから、天皇は元首ではないというのはあまりに幼稚な解釈です。だったら誰が元首ですか、という回答も持ち合わせないでそういうことを言うのは、憲法解釈としてあってはならないことだと思います。

マッカーサーの三原則を持ちだすまでもなく、天皇の行為は明らかに元首の行為です。小山先生といっしょに、天皇は元首とはいえないと言い張る教科書調査官には閉口しましたが、このように日本政府はあまりにも杜撰な憲法解釈を放置しすぎましたね。

少し前の集団的自衛権を保持しているというふうに政府解釈を改めるときの騒動ですが、第三章の繰り返しとなりますが、内閣法制局長官は何をしているんですか。集団的自衛権の問題のとき、内閣法制局は、日本の安全保障の観点から解釈すべきなのに、そうしようとしなかった。

集団的自衛権といえば、昭和二十六年九月八日に署名した日米安保条約で、集団的自衛権を持っているという確認の下にこの条約を結ぶと言っているのに、内閣法制局は、長い間「日本は集団的自衛権を持っているが行使はできない」という奇妙奇天烈な解釈に終始した。実際に、日米安保条約を結び、アメリカ軍が日本に駐留しているのに、だよ。

日本の内閣法制局は、吉田茂時代のでたらめな解釈を護持して、本当の意味での判断力を失っている。国民への責任を果たしていない。

小山　私は「元首」と書くことに反対ではないですね。国家の中心はどこなのかということに争いがなくなりますから。

それはそれとして、言われるように、日本の公的機関と憲法学界の憲法解釈は、公民教科書の検定を経験して、本当にひどいと思いましたね。

「日本のこころ」の憲法改正案

杉原　そこで、最後に今年（平成二十九年）四月二十七日に発表した「日本のこころ」の憲法改正案を見ておきたい。

この対談は、憲法改正を論じるための対談だから優れたよい憲法改正案が出たら、それを紹介するのも役割でしょう。特に小さな政党だから、私たちが紹介しなければ日の目を見ることができない。

小山　そうですね。この改正案では、私も見てみたけれど確かに「日本国憲法」改正路線を採った場合の憲法改正案としては優れた部類に入るでしょうね。特に、前文で「先の敗戦の後、占領下において制定された日本国憲法の施行以来、七十年が過ぎ、日本をめぐる国際環境は大きく変わり、新たな対応が求められている。」と書いているのは評価できる。自民党案には全く存在しないですからね。ただし、最低限、傍線部は「占領下に国際法に違反してつくられた日本国憲法」とでも変えてほしいところですが。

杉原　この改正案は、「第一章　天皇」の前に「序章　日本国のかたち」を措いていることに著しい特徴がある。

全文はインターネットですぐ分かるけれど、そしてそこに「第一条」があり、「日本国は、天皇を日本国及び日本国民統合の象徴とする立憲君主国家である」としている。現行日本国憲法の低級な解釈論争で議論されてきた問題をいっきょに解決している条文だね。

そして第二条が「国民主権」、第三条が「人間の尊厳及び幸福追求権」、第四条が「世界平和の実現」、第五条で「国の任務及び国民の責務」、第六条で「歴史、伝統及び文化の尊重」、第七条で「日本国民の要件」、第八条で「日本国の領土」、第九条で「国旗及び国歌」とあり、日本国の国家としての骨格、つまり「日本国のかたち」が明瞭に示されている。

そして「第一章　天皇」では、まず最初の第一〇条で「天皇は、日本国の元首であり、常に国民と共にある」とある。第一一条は「皇位の継承」、第一二条は「天皇の国事行為、公的行為及び内閣の責任」となっている。第一三条では、「天皇の任命権」として国事行為のことが規定してあり、第一四条で「その他の国事行為及び公的行為」として、これまで曖昧だった公的行為が明示されている。その他第一五条で「摂政」、第一六条で「皇室の経済」がある。

この序章、第一章から、現行憲法で天皇をめぐる曖昧だった部分がずいぶん明確になっている。「象徴」ということが第一条に出ており、「象徴天皇」を主張する人たちも納得できるようになっている。

小山　先ほど私は「日本国憲法」改正路線の案としては優れていると言ったけど、正直、「序章　日本国のかたち」の部分は気に入りません。第一条の「立憲君主国家」とか、第二条の国民主権とかは学説に任すべき事柄です。特に国民主権がそうです。がんらい、国民主権であれ、君主主権であれ、主権思想が持つ怖ろしさを理解しておれば、こんな言葉を憲法に入れようなどとは思わないはずです。

第四条、第五条と第六条は当たり前のことであり、憲法に規定する事柄なのかという疑問があります。他にも、多くの疑問があります。

それで天皇論ですが、杉原先生が今言った「象徴天皇」を主張する人たちとは、「象徴に過ぎない」と言う人たちのことですか。とすれば、彼らは納得しないと思います。第一条には「立憲君主国家」とありますし、第一〇条には「元首」とあります。彼らは、天皇を君主とも元首とも認めたくないのですよ。

杉原　そう、「象徴天皇」と主張する人たちとは、「象徴に過ぎない」と言う人たちのことです。彼らは、「象徴」の意味を見誤っているんだけどね。つまり、「象徴」だから「元首」ではないと解釈してきた。

そのような解釈は誤っていると、この対談では先ほども含めて何度も指摘してきた。天皇は元首とはっきりとは言えないというのが、公民教科書の教科書調査官の言い分だったけれど、誰が元首か言えないで、天皇は元首とは言えないというのは明らかに誤った解釈です。

今上天皇自身が平成二十八年八月八日のビデオ・メッセージの「天皇のお言葉」で、「天皇は象徴にすぎない」というような使い方をされていなかった。

今上天皇は、この憲法の定めは象徴天皇であるがゆえに、それにふさわしい務めとして宮中祭祀を示され、そして国民に寄り添う行為、つまり公的行為をその中に入れて示された。象徴であるがゆえに元首なんですよ。

小山　その点で、「日本のこころ」の憲法改正案は、第一〇条の「天皇の地位」で「天皇は、日本国の元首であり、常に国民と共にある」と規定している。この条文は評価できる。

杉原　私は憲法改正する前に、誤った憲法解釈は正せという立場だから、改正案としていちおうはあってよいよね。現行憲法「第二章　戦争放棄」に該当するところについて述べてください。

小山　この第二章は章のタイトルも「平和の維持」としている。第二章の第一七条第一項では、今の第九条第一項を引き継いでその大半を生かしながらも、自衛権を保持しており、自衛戦争ができることを明記している。

杉原　第二項では「軍を保持する」として、軍隊を持つことを明記している。

小山　当然でしょう。

杉原　そして第三項で「軍の最高指揮権は、内閣総理大臣に属する」とある。最高指揮権がどこにあるかは、確かに憲法に規定しておくべき事項ですね。大日本帝国憲法の反省からも必要な規定でしょう。

それで、第一七条はどう思う？

小山　第二七条というのは「家族、婚姻及び子の監護」の規定ですね。この第一項で、「家族は、社会の自然的かつ基礎的単位であって、国の保護を受ける。家族は、相互の信頼と協力により、維持されなければならない」と謳っています。これは世界人権宣言第一六条第三項を下敷きにしたものです。ほんらい、家族と婚姻のことは憲法に馴染むのかという疑問もありますが、家族解体の流れを止めるうえで役立つ規定なので評価します。

杉原　私も気にして読んだところがある。現行憲法第二〇条の信教の自由に関する規定だ。改正案では第二二条に移り、「信教の自由及び政教分離」という条文見出しとなっている。そして現行の第一項を二つに分け、第一項として「信教の自由は、これを保障する」となり、それ以外の第一項の条文は第二項に移し、ほぼ同一の文言で規定している。そして現行の第二項は、第三項として、その条文を移している。

ここまでは現行憲法と同じだが、改正案は、現行憲法第二〇条第三項「国及びその機関は、宗教教育その他のいかなる宗教的活動もしてはならない」を第四項に移して、次のように修正している。

国及び地方自治体は、特定の宗教の布教又は宣伝のための宗教教育、宗教的活動及び財政的支援を行ってはならない。ただし、社会的儀礼又は習俗的行為の範囲を超えないものについては、この限りでない。

傍線部に注目すれば分かるように、宗教とは何かを考える教育まで禁止しているように読める問題、そして公共機関が祭祀等、社会的儀礼、習俗的行為にも接触してはならないとも読める問題を解決している。

小山　それから、「日本のこころ」の改正案では、問題の多い「日本国憲法」第八九条に該当する規定がありませんね。これは、削除されたのですかね。

杉原　そう。この対談の前半で述べてあったように、現行憲法第八九条で、宗教に関わる活動に公の財産を使用させてはならないという規定があるが、地域の祭りである神社の祭祀に公道を貸していることからも分かるように、現行憲法の政治と宗教の分離は、友好的分離なんだ。また、友好的分離でなければ、個人の自由を尊重した自由主義社会の憲法にはならない。

しかし、時折、誤った解釈が出てきて、政治と宗教が敵対的に分離したかのように取り扱われることがある。「日本のこころ」の、この改正案は、現行憲法第八九条を削除し、先ほど述べた第二二条第四項但書を置いたことにより、この誤った解釈が出てくる余地を失くしたんだね。そして、祭祀が中心になるけれど、社会的儀礼又は習俗的行為については、国及び公共団体も関わりうるということをはっきりさせているわけで、その点で前進しているといえる。この政教分離に関する規定は、よくできているといってよいね。でも「祭祀」は宗教の社会性を見るとき、重要な概念だから、この但書で「祭祀」という言葉を使えばもっとよくなるだろうね。だとすると、第一項は「信教の自由は、これを保障する」と言わないで、現行憲法どおり「信教の自由は、何人に対してもこれを保障する」ともっと強く言い切ってもよかったと思う。

小山　杉原先生は、先ほど、政教分離に関する議論のところで、現行の条文を変える必要はないと言ったはずだけど、そのこととの関係は？

杉原　確かに、極論すればそういうことになる。政教分離の考え方を詰めていくと確かにそうなる。

しかし、現行憲法第二〇条第三項で、「国及びその機関は、宗教教育その他いかなる宗教的活動もしてはならない」というのは、一般的な知識的な宗教教育さえも行ってはならないというようにも読めるようになっている。国及びその機関が行ってはならないのは、明らかに特定の宗教のための布教又は宣伝のための宗教教育や宗教的活動だから、そのことをはっきりさせるために、上記傍線部分の「特定の宗教の布教又は宣伝のための」を追加したのは、よいことだと思う。

それから私の強調している「祭祀」については「社会的儀礼又は習俗的行為」に含めて、それに国や地方公共団体が関わりうることを示したことになり、これもやはり、憲法の規定として進歩だと思う。ただし、「の範囲を超えないもの」が入っているのは、依然として、「祭祀」をやむをえず認めるという消極的態度が表われているようで、祭祀等の公共性を積極的に認めたことにならないという印象になる。だからこの部分は削って、この但書は、「ただし、社会的儀礼又は習俗的行為については、この限りではない」とすべきでしょうね。

なお、「日本のこころ」の改正案では、現行憲法第八九条の「公金その他の公の財産は…」の条文、つまり広く言って宗教への財産支援に関わる条文は、全文削除している。その替わりに第二二条第四項に行ってはならないことの内容として「財政的支援」という文言を入れている。

しかしこれもなくてもよいね。特定の宗教のための宗教的活動等をしてはならないということから当然言えることとして、憲法の条文としてはなくてよいのではないか。確かに政教分離に関わる問題ではあるが、あまりに細かな問題であって、現行憲法下でも十分に克服されている問題として、憲法では扱わないとして、なくてもよいですね。憲法というのは、いずれにせよ、短い文で規定するものであり、良識による解釈ということを前提にして成り立っている。だとしたら、規定としては成り立っても、憲法の条文としては置かない、というものがある。

第七章　皇室典範と「天皇のお言葉」

「天皇のお言葉」の衝撃

小山　次の問題に移りましょう。

杉原　そうですね。現行の皇室典範の話しに入っていきましょう。本年（平成二十九年）の去る六月九日、「天皇の退位等に関する皇室典範特例法」いわゆる皇室典範特例法が成立し、十六日に施行となりました。

これは、平成二十八年八月八日の、天皇のビデオメッセージ「天皇のお言葉」に発して、そこで示された退位、つまり譲位の意向を法制化したものですが、まずはこの「天皇のお言葉」について話し合いましょう。小山先生、「天皇のお言葉」を聴いたとき、どう感じましたか。

小山　困惑と解放感、この相矛盾する二つの感情がありましたね。最初に困惑を感じました。二つの理由からです。今上天皇が譲位されるとなると、「新皇室典範」に何らかの手を付けなければならなくなりますね。最初に断っておきますが、占領期に法律として作られた現行の皇室典範のことを、私は偽物と考えており、無効な法律と考えています。ですから、「新皇室典範」と括弧付で表記します。

表記の問題はともかくとして、私は、ここで「新皇室典範」が改正されれば、この無効な法律を正当化することにつながらないか、と考えたんです。私にとっては極めて困ったことでした。今は、皇室典範特例法は、皇室自身が作ったわけではなく、皇室の自由意思を無視して作られたものですから、正当化にはつながらないと考えていますけれど。ともかく、これが困惑を感じた本質的な理由であり、第一の理由です。

ですが、いわゆる保守派の重鎮たちと同じことも考えていました。今上天皇が譲位されれば、当然、上皇になられるわけですね。すると、天皇と上皇という二つの権威が生まれることになります。国家が分裂する要因になる危険性はゼロとは言えないと思ったのです。これが、困惑した第二の理由です。

しかし、直ぐに、一種の解放感も感じました。特に平成二十七年以来、日本の政治家も、学者も思想家も全て、どんどん「戦後レジーム」の中に閉じ込められていっているな、と私は感じるようになっていました。占領下で「日本国憲法」が作られ、東京裁判が行われる中で、日本国家も天皇及び皇室も、自由意志を失くしてしまい、「戦後レジーム」という鳥籠の中に閉じ込められてしまいました。「戦後レジームからの脱却」を説いたその人からして、日韓合意やヘイト法（ヘイトスピーチ解消法）を通じて、日本人を差別し、日本人全体を「戦後レジーム」の中に閉じ込める役割を果たし始めていました。そして、「戦後レジーム」がさらに十年も二十年も継続すれば、日本は外国の植民地とされたり、滅ぼされたりしていくのではないかとも感じました。

そのような状況認識からすれば、陛下が譲位の意思を表明し、上皇になられるということは、「戦後レジーム」という鳥籠から最初に陛下が抜け出すことを意味するのですね。ですから、「戦後レジーム」解体の突破口になっていくのではないかとも考えたんです。

杉原 小山先生は、そんなふうに考えたのですか。私にはない大切な視点ですね。私の受けた第一の感想は、この「お言葉」は大変よく考えられた文書だと思いました。

結局、退位、譲位の希望を示された「お言葉」なのでしょうが、この「お言葉」が出た当初、保守の人たちは、譲位を認めず、摂政を設ければよいという考えでした。

小山 先日四月十七日に亡くなられた渡部昇一氏もそうでしたね。「摂政がやはり最善」と、『Voice』平成二十八年十月号で述べられた。十月号といえば、九月初旬だから原稿は八月に書かれたものでしょうね。

杉原 そうでしょうね。そこで若干不思議に思ったのは、皇室典範に手をつけるな、という主張でした。この点は、後で話しあうことになると思いますが、皇室典範は占領下で現在のものができるんですが、旧皇室典範の改正手続きを経ず、日本国憲法よりも、もっといかがわしい過程を経てできた。にもかかわらず皇室典範に手をつけるな、との主張には不思議な感じがしました。

小山　私も皇室典範に手をつけるべきではないと思いましたよ。私の場合は「新皇室典範」無効論の立場からそう思ったわけですが、渡部氏らの場合は、恐らく、皇室典範に手をつけると、天皇制の廃止とまでいかなくても、天皇制を誹謗する論や、女性天皇の議論が起こるのを恐れていたんではないでしょうか。

杉原　その点では、私も少々恐れていた。マスコミや共産党を中心に野党が政争の具にするのではないか、と。

小山　でも、それほどには政争にならなかった。マスコミも、野党も、そして共産党さえも自粛した。その点は、やはり、日本の伝統は生きていたんだなと思った。

杉原　そう、天皇を誹謗すれば、たちまち批判されるという雰囲気が、国民の中にある。だから共産党も天皇及び天皇制の批判は直接にはしなかった。そこには今上天皇、皇后夫妻の並々ならぬご努力がこの約三十年間あったからだと思う。

その話しは後回しにするとして、天皇の退位、天皇制の存続を当然中の当然として考えれば譲位ということになるけれど、新皇室典範では前提になっていない譲位を希望されたことについてはどう思う？

小山　譲位を認める制度に対しては、さきほど述べた権威の二重化による混乱は起きないか、という不安は少しあります。だけど、占領期以降、余りにも天皇及び皇室の自由意思は否定されてきましたね。私は、その天皇の自由意志を一定程度解放すべきだと考えています。その意味では、「天皇のお言葉」は画期的だったと言えます。実際、前近代では、天皇の自由意志を認める立場から、常に譲位が認められてきたんですね。

杉原　そう。譲位を認めない制度は、明治の皇室典範で固く決まっていたことですね。退位や譲位が簡単にできると、そのことによって政争が起こる。国民が団結しないとやっていけない近代国家においては、政争の起こる恐れのある退位、譲位は認められないということになった。

小山　近代国家としてはやむをえないことだよね。

杉原　でもね、明治のころと今日とでは、〝生きる条件〟が違うと思う。明治のころの医学のレベルでは、人は誰でも身体が動かなくなったころに寿命がくる。身体が動かなくなったたまま、ベッドの上で何年も何年も生きるということはなかった。あるいは認知症になって判断力を失ったまま、何年も何年も生きるということはなかった。

明治天皇は長く糖尿病を患っていた。その上で最後に尿毒症で亡くなられたと言われるが、現在の医学や薬学の下でなら、この年齢で亡くなられるということはなかったと思う。

この点、今上天皇は、その責任感から慮るゆえに、身体が動かなくなり、天皇としての務めが高齢のため、全くできなくなったときのことを心配されて、譲位を申し出られたのだと思う。

天皇のご苦労をよく理解していた多くの国民も、その申し出を素直に受け入れた。そしてそれはやはり、天皇も努力され賢かったけれど、天皇の国の国民としての日本国民も賢かった。今回の皇室典範特例法となったこの特例法は、その中身の問題は別として、喧噪、対立のための対立の中で制定される、というようなことがなくてよかった。

「天皇のお言葉」で「象徴天皇」の本当の意味を明らかにされた

小山　それでは「天皇のお言葉」の中身の問題について話し合いましょう。

杉原　そう、私も小山先生も公民教科書の代表執筆者を務めたか、これから務める立場にあるが、この「天皇のお言葉」には実に重要な意味が表わされている。

天皇はこの「お言葉」の中で、国民に対しては、大日本帝国憲法下での天皇とは違う「象徴天皇」としての像を示すとして、新しい天皇像を示された装いを示されながら、我々公民教科書を執筆する者からすると、厳然と明治憲法下の天皇像と変わらないものを示された。

小山　「象徴天皇」という言葉にこだわりすぎる点が気になりますが、天皇の本質論としてはそうだね。そう、分かります。

杉原　続けるね。

天皇は、この「お言葉」の中ほどで次のようにも述べられている。

私が天皇の位についてから、ほぼ二十八年、この間、私は、我が国における多くの喜びの時、また悲しみの時を、人々と共に過ごして来ました。私はこれまで天皇の務めとして、何よりもまず国民の安寧と幸せを祈ることを大切に考えて来ましたが、同時に事にあたっては、時として人々の傍らに立ち、その声に耳を傾け、思いに寄り添うことも大切なことと考えて来ました。天皇が象徴であると共に、国民統合の象徴としての役割を果たすためには、天皇が国民に、天皇という象徴の立場への理解を求めると共に、天皇もまた、自らのありように深く心し、国民に対する理解を深め、常に国民と共にある自覚を自らの内に育てる必要を感じて来ました。

そして最後の辺りで次のように結んでおられる。

憲法の下、天皇は国政に関する権能を有しません。そうした中で、このたび我が国の長い天皇の歴史を改めて振り返りつつ、これからも皇室がどのような時にも国民と共にあり、相たずさえてこの国の未来を築いていけるよう、そして象徴天皇の務めが常に途切れることなく、安定的に続いていくことをひとえに念じ、ここに私の気持ちをお話しいたしました。

つまりね、天皇は、第五章で詳述したように、我々公民教科書の教科書調査官のように、一方では「天皇は象徴にすぎない」という時の「象徴」に忠実に応じておられるようにしながら、傍線部には「私はこれまで天皇の務めとして、何よりもまず国民の安寧と幸せを祈ることを大切に考えて来ました」とあります。そして繰り返しの引用となりますが「象徴」としての意味を明確にして

天皇が象徴であると共に、国民統合の象徴としての役割を果たすためには、天皇が国民に、天皇という象徴の立場への理解を求めると共に、天皇もまた、自らのありように深く心し、

国民に対する理解を深め、常に国民と共にある自覚を自らの内に育てる必要を感じて来ました。

と述べられた。ここで示された「象徴」こそ、日本の伝統的天皇の姿ではないか。つまり、「象徴天皇」という新しい像であるかのように示して、広く国民の理解を得ながら、実は、厳粛に、日本の変わらぬ天皇像を示された。もはや、公民教科書調査官の言う「天皇は象徴にすぎない」という意味の象徴ではない。

小山 杉原先生は、ここで祭祀の話を持ち出したいと思っているんでしょう？ 違いますか？

杉原 そうです。先ほど引用した中に「私はこれまで天皇の務めとして、何よりもまず国民の安寧と幸せを祈ることを大切にして考えて来ました」とありますが、これこそ天皇の厳粛な意味を明示しているのであって、「祈り」は「天皇の私的行為」であるという教科書調査官の考え方がいかに浅薄か、分かります。

公民の教科書調査官のこのような考え方は、この調査官の人たちだけの問題ではなく、現在の日本の憲法学の程度の低さを表しているもので、憲法学の問題として指摘すべきことです。

宮澤俊義のように、公の財産を宗教上の組織若しくは団体の使用に供してはならない、という現行憲法第八九条の規定の解釈で、地域の神社のお祭りで御輿を大道に出てかつぐのが説明できず、そのために気がつかないふりをして何も言わない、そういう程度の、凡庸低劣な憲法学者の憲法学ではダメなんですね。

小山　現在の憲法学は、天皇の祭祀をまともに扱っていない、ということですね。

杉原　そうです。というより天皇の取り行う祭祀も含めて、祭祀一般の法的性質をもっと見究めて憲法学の中で「祭祀」を明確にかつ適正に位置づけなければならないんです。

宗教に関わることなんだけれど、祭祀について、そこには独特の公共性があり、そのことに十分に配慮した憲法学でなければならないのです。

宮澤俊義程度の憲法学では、宗教は語れない。宗教について憲法学的に表現する、憲法について宗教学から注文する、ともにそれができていなければ、日本のような文化の高い国の憲法学とは言えない。

小山　公民教科書の執筆に関わる者として、私たちから言うのは気恥ずかしいけれど、今、重要なことを指摘していますね。

杉原　公民教科書を編集すればこそ、分かったことだとも言えなくはないね。

時代を超えた天皇の意味と代ごとに変わる天皇の意味

杉原　ところでね、ノンフィクション作家の保阪正康氏が『新潮45』平成二十九年一月号で「今上天皇論――『帝王学』をご自身で構築された初めての君主」という注目すべき論文を書いている。

小山　私も読んだ。

杉原　ここで、日本の戦後に限ってだけど、今回の「天皇のお言葉」は、降伏時の「玉音放送」と昭和二十一年のいわゆる「人間宣言」と比べて、同じ次元の重みを持っていると、指摘している。

ここで、保阪氏はね、孝明・明治・大正・昭和、そして平成の今上天皇は、代ごとに先帝（父としての天皇）の基本理念を否定する側に立つことになっている、というんだね。

孝明天皇は徹底した攘夷論者だったけれど、明治天皇はこれを改めて開国を受け入れる立場に立った。しかし、時代の流れとして富国強兵の政策に従った明治天皇に対し、大正天皇は軍事に関心を示さなかった。昭和天皇は、大正天皇のこの傾向を改め、明治天皇の遺訓を守ろうとしたが、戦争に負けて、民主主義体制を受け入れ、これを強く肯定することとなった。しかし昭和天皇としては、君主制の下での民主主義という体制を崩さず、象徴天皇や、大権を持たない天皇像を十分に理解することができなかったとし、そこで平成の今上天皇は、昭和天皇とは異なり、最初から象徴天皇であるとし、昭和天皇の天皇像を否定した「象徴天皇」という新しい、天皇像を作り上げたというのである。そして、それがこの論文の題名にあるように「帝王学をご自身で構築された初めての君主」ということになるのだ、と保阪氏は言っている。

確かに、今上天皇は日本国憲法の下で、その限りで、初めて、最初から「象徴天皇」として即位したが、もとよりその天皇像とはどのようなものかといった枠組みは定かではない中で、そのような「象徴天皇」の像を作り出した、と言うのだ。

それは一面、確かにそのとおりだと思う。しかし、私は、公民教科書調査官が考えているような「象徴にすぎない」という「象徴」ではなく、日本の天皇の本来の姿の天皇としての「象徴」だと思う。

この「天皇のお言葉」の先ほど紹介した最後の文のところを読むと「国政に関する権能」を持たない象徴天皇として、としながらも「我が国の長い天皇の歴史を改めて振り返りつつ」「これからも皇室がどのような時にも国民と共にあり、相たずさえてこの国の未来を築いていけるよう」と、本来の天皇像への再生、天皇像の持続を示している。

確かに今上天皇は戦没者の慰霊の旅として長崎、広島、沖縄をはじめ、日本軍の激戦地として知られるサイパン島やパラオ・ペリリュー島、フィリピンなど海外の遠隔地にまで出かけられた。また、「天皇のお言葉」にあるように、「時として人々の傍らに立ち、その声に耳を傾け、思いに寄り添うことも大切なこと」として、東日本大震災や熊本地震など災害の際に被災地を訪ねられ、膝を交えて話しかけられた。

しかし、慰霊は、昭和天皇から引き継いだ天皇としてどうしても果たさなければならない課題であり、被災地の訪問も、占領下での昭和天皇が全国各地を回られたのと軌を一にする。

要するに私の言いたいのは、今上天皇がなさっていることは「象徴天皇」の創造ではなく、本来の天皇像の再生、持続なのだということも言えるということです。

もちろん、被災者と膝を交えてのお言葉をかけられる姿は、今上天皇が今上天皇として、鋭意努力されており、そこに「象徴天皇」の創造という面がある、と言ってもまちがいではないところもあるけれど。

小山　なるほど

杉原　もう一度言うと、今上天皇はほんらいの天皇像の再生、持続を目指されていると捉えられますね。でも、「天皇のお言葉」の中に、少しばかり、問題に思うところがあった。

小山　ああ、そうですか。どこがどのように？

杉原　先にも紹介した「私はこれまで天皇の務めとして、何よりもまず国民の安寧と幸せを祈ることを大切に考えて来ましたが、同時に事にあたっては、時として人々の傍らに立ち、その声に耳を傾け、思いに寄り添うことも大切なことと考えて来ました」という文言ね。「祈る」ことを第一とするということで伝統の天皇が顕彰されており、そのことはよいのだけれど、その次に国民に寄り添うというようなことが併列関係で示されている。これはいささか違うのではないか。つまりね、国民の安寧と幸せを祈る行為は必然に国民に寄り添うことになり、国民の安寧と幸せを祈ることと国民に寄り添うことは、ほんらい一体のものではないかと思う。

例えば、江戸時代、天皇は京都の御所でひっそりと暮らしているだけだった。だけどそれは仕方がなかった。財力もなかったし、日本の権力をもつ徳川幕府もそのようなことは好まなかった。だから、御所の外にも出て庶民に直接話しかけるようなことはなかった。

しかし、孝明天皇の祖父に当たる光格天皇などは、天明の飢饉で庶民が難儀をしているのを知ると、京都所司代に申し出て、庶民を救済した。天皇は民を救うことが究極の仕事であり、またそれゆえに民も天皇を大切にした。よって、国民に寄り添うのは日本国憲法の象徴にすぎない象徴天皇の仕事として創出されたものではない。

小山　ただ、いずれにしても、二人の対談で強調してきたように、古代から現代まで天皇の本質は「祈る」ことだということを確認しておきたいと思います。「天皇のお言葉」は、この点を明確にしたという点で画期的だと思うのです。

旧皇室典範に定める手続きにも違反して作られた「新皇室典範」

小山　それでは「新皇室典範」そのものの話しに移りましょう。私は、今回の皇室典範特例法の問題、中身がどうであれ、「新皇室典範」の改正に反対です。それは、もう一度言いますが、「新皇室典範」というものが、偽物の存在であり、無効の存在だからです。

杉原　小山先生の立場から見れば、現在の皇室典範は効力を持ちようがない。

小山　そうです。本当に、「新皇室典範」は無法の極みとも言える作られ方をしています。成立過程については、「日本国憲法」の場合はまだしも不十分ながらも研究されてきましたが、「新皇室典範」の場合は本当に研究が進んでいません。それでも、その作られ方のでたらめさは十分に知ることができます。

「新皇室典範」の前の明治にできた旧皇室典範には、その第六二条に「将来此ノ典範ノ条項ヲ改正シ又ハ増補スヘキノ必要アルニ当テハ皇族会議及枢密顧問ニ諮詢シテ之ヲ勅定スヘシ」と規定していた。このように、皇族中心の皇族会議で議論することになっていたんです。それは、皇室の家法とも言うべき皇室典範は皇族が中心になって決めるべきであるという皇室自治主義の考え方があったからです。極めてまっとうな考え方です。

しかし、「日本国憲法」成立過程において、占領軍は、徹底して皇室自治主義を否定しました。その結果、皇族が全く存在しないどころか、ほんらい皇室典範について議論する資格のない臨時法制調査会が中心的に「新皇室典範」案を作成していきました。「新皇室典範」は、旧皇室典範に違反して作られた無効の代物です。

杉原　新しくできた日本国憲法に、第二条で「皇位は、世襲のものであつて、国会の議決した皇室典範の定めるところにより、これを継承する」となっていたからだよね。

小山　大日本帝国憲法では、第七四条第一項で、「皇室典範ノ改正ハ帝国議会ノ議ヲ経ルヲ要セス」と規定していた。ところが、「新皇室典範」は、議会の議決に基づき、法律として制定されました。「日本国憲法」を作る場合は、まだ、最も表面的なところでは、帝国憲法第七三条の定める手続きに沿って作られました。これに対して、「新皇室典範」は、明確に帝国憲法の定める手続きにも旧皇室典範の定める手続きにも違反して作られた偽皇室典範なのです。

杉原 せめて、この「新皇室典範」は「旧皇室典範」の定める皇族会議の議を経て作ればよいのに、皇族会議の議を経ず、臨時法制調査会で立案した上で、まだ施行されていない日本国憲法第二条の規定を適用して法律として制定した。

「新皇室典範」は、昭和二十二年一月十六日に法律として公布され、五月三日、「日本国憲法」とともに施行される。その前日、旧皇室典範は、皇族会議の議を経て廃止された。

だから、作られ方がでたらめだという小山先生の指摘は当たっている。小山先生の「新皇室典範」無効論は、小山先生の『「日本国憲法」・「新皇室典範」無効論』（自由社　二〇一六年）で詳しく説明されているね。

皇室の中に自由意志を

小山 次に内容上の問題として指摘しておかなければならないのは、何よりも「新皇室典範」が「旧皇室典範」にあった皇族会議を実質的になくしてしまっていることです。

旧皇室典範では、その第五五条で、皇族会議について次のように規定しています。

皇族會議ハ成年以上ノ皇族男子ヲ以テ組織シ内大臣樞密院議長宮内大臣司法大臣大審院長ヲ以テ参列セシム

この皇族会議では、第五六条で天皇は自ら議長を務めるか、皇族の中から議長を指名することになっていた。さらに第六二条で皇室典範の改正は、この皇族会議及び枢密顧問に諮詢して行うことになっていた。

しかし「新皇室典範」第二八条は、新しく設けられた「皇室会議」について次のように規定しています。

皇室会議は、議員十人でこれを組織する。

2　議員は、皇族二人、衆議院及び参議院の議長及び副議長、内閣総理大臣、宮内庁の長並びに最高裁判所の長たる裁判官及びその他の裁判官一人を以て、これに充てる。

3　議員となる皇族及び最高裁判所の長たる裁判官以外の裁判官は、各々成年に達した皇族又は最高裁判所の長たる裁判官以外の裁判官の互選による。

そして第二九条の規定で、議長は内閣総理大臣が務めることになっています。皇室会議は皇室のことを諮るのにもかかわらず、皇族は一〇人中わずか二人であり、天皇は出席しないのです。余りにも、でたらめな規定です。「新皇室典範」を認めて皇室会議という存在を認めるとしても、半数は皇族から選ぶべきです。いや、総理大臣などは、旧皇室典範下の皇族会議における枢密院議長等と同じく、参列できるだけで議決権を与えるべきではありません（皇族会議令第七条）。

それから、皇室会議の皇族以外のメンバーのことを考えてみましょう。衆参両院の議長と副議長も総理大臣も議員です。政治家です。政治家が五名ですから、全体の半数を占めることになります。彼らには、全く皇室に関する教養がありません。裁判官もそうでしょう。いや、宮内庁長官だって、余り皇室のことが詳しくない。こんな人たちが皇室のことを決めていくなんて、本当にでたらめ極まりない話です。

杉原　私もそう思う。新皇室典範の皇室会議は、皇位継承順位の変更、立后および皇族男子の婚姻、皇族の身分の離脱、摂政の設置および廃止、摂政の順位変更などを審議する。いずれも皇室に関わる重要な案件だ。これまで七回開かれたことがあり、直近では、平成五年の皇太子の婚約について審議した。

このような会議なのに、天皇が臨席していない、臨席できない、極めて不自然だよね。ということは、天皇に対して、自由意志を全く認めていないことになる。まさに、低級宮澤俊義の憲法学のように、天皇はロボットだということになる。

小山　杉原先生は、いつか私と話しているとき、天皇の自由意志は大切なんだと言っておられましたね。

杉原　そう。天皇が被災地を巡っていくときに、自由意志はないんだという見方をすると、だったらロボットでもいいじゃないですかと。天皇の形をしたロボットで、ちょっとボタンを押したら「お元気ですか」とか言ってくれるロボットの天皇。結局、天皇が愛情を注ぐとか、「お言葉」をかけるというのは人間としてやることだから、それは自由意志に基づいたものなんです。だから尊いのです。

こうした天皇、皇后のご努力、これが天皇、皇后両陛下の自由意志の発露だった。天皇、皇后のそうしたご努力が自由意志というものでなかったら、そこに尊厳は生まれてこない。

実は、これは高森明勅氏も書いていたけど、皇室典範を見ると、あるいは戦前の典範を見ても、議題となるもののほとんどは、皇室内部の問題と言えるようなんです。だから、基本的に完全に皇室の家法というふうに位置づけをして、皇室に決めていただく。そこに不安であれば、少し国家の側の人間を入れるということで決めるべきである。

誰に天皇になっていただくとか、それからその天皇家の中でどのような行為が望ましいとか、身分がどうだとかいう話は皇室の家法として処理して、皇室に基本的に決めてもらう、というシステムを作るべきではないか。

それは基本的にはモデルはあるわけであって、戦前の皇室典範があるわけで、少なくとももとりあえずやるべきは、皇室会議を戦前の皇族会議にできるだけ近づける。そしてその会議がいろいろな皇室の制度を構想していくというふうにすべきではないかと思う。それ以前に、諮問委員会なり、諮問会議なりを作る必要があるのかもしれないけれども、そのようにあるべきだと非常に思うんですね。

旧皇室典範はまさに皇室の家法であり、その自治に委ね、それで天皇を尊敬する体系だった。皇室自治主義というのが非常に大事だと思うんですね。


小山　皇室自治主義というのは、「日本国憲法」成立過程において、日本側がすごくこだわった点なのです。しかしGHQは、これを徹底して潰したんです。このあたりの過程は、拙著『「日本国憲法」無効論』（草思社　二〇〇二年）で記しています。

私は、十一年前に「新皇室典範」無効論を発表したとき、皇室自治主義の大切さを強調したんですが、この点は見向きもされませんでしたね。私の「新皇室典範」無効論というのは、「新皇室典範」が、成立手続き面でも内容面でも旧皇室典範の表現していた皇室自治主義に違反しているではないかという主張なのです。

そこのところから延長して思うんですが、今回の「天皇のお言葉」ね、本章の最初に述べたように、これは天皇の自由意志の表明だと思う。自分は「退位」したい、譲位したいという表明は、自由意志に基づくものだよね。

杉原　そうだよ。ところが、この「天皇のお言葉」について、この「お言葉」に基づいて設置された「天皇の公務の負担軽減等に関する有識者会議」のヒアリングで、「お言葉」の内容で「退位の創設や国の制度の変更を要望されている」とした上で、憲法の趣旨を逸脱していると批判した憲法学者がいます。天皇の譲位を認めたくないという立場から、そんなことを言うのだろうけれども、こんなことまで自由に意志を表明できなかったら、これでは天皇ではないよね。天皇は、自由な意志を持った存在だからこそ、尊貴なんだよね。

いつもは日本国憲法を押しつけ憲法だと軽視している立場の人が、「天皇のお言葉」を憲法違反だというので、面白かった。

天皇として何でもかんでも自由にできるということは、元からないけれど、天皇は自由意志を持った存在でなければ、天皇の尊厳は出てこない。このことも、当然中の当然だよね。

天皇の「退位」を認めた皇室典範特例法

小山　それでは今般六月九日に成立し、十六日に公布となった皇室典範特例法、正確には「天皇の退位等に関する皇室典範特例法」について見ていきましょう。

杉原　焦点を「退位」に絞ったこともあるけれど、成立したとき安倍首相も言っていたように、比較的にではあるけれど、「静謐な環境の中で」速やかに成立したと思う。国民もよく協力したと思う。

小山　「付帯決議」に民進党の主張で、「検討を行い、その結果を、速やかに国会に報告すること」の中に「女性宮家の創設等」が入ったのは残念だったけれどね。

杉原　民進党に自重してほしかったよね。だけどこの特例法では、第一条で、今上天皇に対し「天皇陛下」と呼称し、敬語を用いていた。これは平成の現時点にあって、皇室に敬意を表する一つの方法だったと思う。通常は、法律の条文に敬語は使わない。むしろ使うのはおかしいのだが。

小山　いずれにせよ、今上天皇の「退位」つまり譲位を認めた。

杉原　「特例法」という言い方で、天皇の終身制の原則は守るべきものとしながら、菅官房長官もしきりに言っていたように「退位」の先例とはなる。つまり、高齢に限っての退位は、将来もありうるということを明らかにしたことになる。

小山　いずれにせよ、「新皇室典範」を大いに変更しなかったことは確かですね。しかし、私としては、「新皇室典範」は無効だし偽物ですから、「皇室典範特例法」という形で「新皇室典範」と関連づけてほしくはなかったんです。まずは「新皇室典範」は有効か否かという問題から議論してほしかった。だけど、「日本国憲法」無効論の場合はある程度知られているけれども、「新皇室典範」無効論は誰も知らない。だから、「皇室典範特例法」と「新皇室典範」自体を前提として、当分は物事が進んでいくのでしょうね。

男系男子の皇位継承は譲れない

杉原　ともかくこの特例法の成立によって、今後の焦点は、いかにして皇族の減少に歯止めをかけ、将来に向けて安定的な皇位継承を確保するかの検討に入らざるをえない。天皇の譲位の問題ではなく、この問題は喫緊の問題となっているという現実は、確かに認めなければならない。

小山　いや、喫緊と言っても、国防問題ほどではないですね。国防問題を解決してから、きちんと解決すべきだと思いますがね。でも、「皇室典範特例法」の「付帯決議」で女性宮家の創設が検討課題として入りましたね。この問題、まず杉原先生の意見を聞かせてください。

杉原　この女性宮家の問題、この問題に発展しないように、今回の皇室典範特例法も「退位」に限って法制化するよう、政府において努力がなされた。

しかし、これだけ男系の皇族が減った状態ではどうしても女性宮家の議論は避けられない。私はひとまずそう思うんです。

だけど、しかし同時に皇統の原則は厳しく守らなければならない。これまで、百二十五代にわたり一度の例外もなく、受け継がれてきた皇室の伝統にのっとり、父方の系統に天皇を持つ男系の男子による皇位の継承は絶対に守らなければならない、とする。

それはそうでしょう。日本が開国以来、初めて外国軍隊に蹂躙されたときにも、つまりアメリカ軍によって占領された時のことね、この時でも、日本国民は団結して、皇室の力を弱めようとする圧力の中で、この皇統を引く男系の男子が天皇となる、という原則を侵させなかったわけではないですか。我々日本人が団結して、その圧力を撥ね返して、守った日本の天皇制の原理ではないですか。それを平成のこの平和の時代に失うのですか。それは絶対に許されないことでしょう。

小山　ずいぶん勇ましいものの言い方ですね。

杉原　いえ、ね。これは私の周辺にいる人たちから聞いた物言いなんです。もちろん私も賛成しています。

だったら、女性宮家の議論をする時にも、この原則だけは侵させてはならないんですよ。「女性皇族がご結婚後も皇族の身分を保持し、当該女性皇族を当主とする宮家の創設が可能となるよう皇室典範を改正すべきだ」。民進党は特例法成立に当たり、蓮舫代表名でこんな談話を発表しました。蓮舫氏は自分が二重国籍だったから無神経にこんなことが言えるんでしょうが、皇室の伝統というものは二千年間の日本の皇室と日本国民の努力で作り上げたものです。安易にこの原理原則を違えることはできません。

皇室典範は「皇位は、皇統に属する男系の男子が、これを継承する」（第一条）と定めていますが、先ほど言ったように、これは占領下でも占領軍の圧力に抗して守った原則です。その原理原則を守るという前提で言えば、女性宮家を創設しても皇位継承資格者は増えはしない。典範改正で女性宮家の子孫も皇位継承資格を持つようにするということになるならば、それは女系継承容認につながり、これは違う姓の人が大和朝廷を継ぐことになり、実質的には中国でいう易姓革命になるんだね。易姓革命は絶対に日本に入れてはいけない。

小山　私も、男系継承は絶対に守らなければならないと思いますよ。私の場合は、政治学的にそう思うんです。政治システムとして見ていくと、近代立憲主義国家が成立するためには、権威と権力の分離が必要なんですね。特に左翼の場合は権力の問題ばかりに目が行くのですが、権威の方が大事なんですよ。第五章で述べていますが、権威としては大統領よりも君主の方が優れているんです。大統領というのは、図らずも失くしてしまった君主に代わるものとして作った国家機関なんです。だから、理屈で詰めていくと、共和制よりも君主制の方が優れているんです。そして、その中で最高の君主制が天皇制であると考えるわけなのです。

杉原　どうして最高だと言えるんですか。

小山　端的に言えば、それは一番古いからですよ。古くて、権威としていちばん純化している。真っ先に純化した。

杉原　なるほど、そういう意味ですか。

小山　民主主義や立憲君主制のモデルと言われるイギリスより、はるかに早いんですね。

杉原　それはそうですね。イギリスの場合は征服王朝だからね。

小山　君主が国家の権威として認められるには、由緒正しいことがいちばん大事なんですね。その点で女系論はまったく誤っているのです。これまで神武天皇以来、男系継承でやってきたわけですから、それをそのまま守ることが由緒正しいことになるのですね。「由緒正しさ」というのをはっきりさせるには、男系論の方がいいわけですよ。神武天皇まで一直線でつながることができるわけですから。

もしも女系天皇ができれば、そういう天皇はもはや正統なものではないと、必ず天皇制廃止論者が言い出しますよ。ですから、男系男子継承の原則こそが、皇位継承の第一原則となります。

杉原　その男系の維持というのは、これまでの日本の天皇制が男系の維持をずっと守っていたからね。それ自体が伝統だから。でも、最初のころからこれにこだわってたわけではないでしょう。

小山　こだわってたわけじゃないと思いますよ。そんな思想が最初にあったわけじゃないと思いますよ。

杉原　結果的に、だんだんそうなっていったわけだよね。

小山　そうもいえるけど、正確には、結果をどこかで振り返って、思想家が振り返った時に、「ああ、男系で続いてきたね」と。「これは守った方がいいね」と、そういうことをいろいろなある種、賢い人たちが再確認し続けてきた歴史なんだと思うんですよ。

杉原　そうそう。だからそこに歴史の重みがあるということでしょう。やはり、男系継承は守らなければならない。

女性宮家の創設とは――皇族以外の男系男子に皇位継承資格を

小山　そうすると皇統を引く男系男子はどれくらいいるかという話になるけど、先ほど杉原先生が触れておられた保坂氏の論考と同じ『新潮45』平成二十九年一月号に八幡和郎氏の「今上天皇に血統の近い知られざる『男系男子』たち」という論文があります。この論文によれば、占領下で皇籍離脱させられた旧宮家に、皇位を継承するに相応しい年齢の男子が一六名いるという。他にも、旧宮家よりも現皇室と血統的に近い男系男子が多数いると言うんです。

これらの人を、皇位継承の候補として考えるべきだと思うんです。ただ、「新皇室典範」は第一条で男系男子に皇位継承資格を限定したうえで、第二条第一項で「皇位は、左の順序により、皇族に、これを伝える」と規定しています。結局、「新皇室典範」によれば、皇籍のある男系男子しか天皇になれないんですね。継承資格を皇族に限定するのは旧皇室典範も同一なんですね。ですから、「新皇室典範」を有効なものと仮定するならば、第二条を改正して、継承資格を皇族以外にも広げたらよいのです。

また、考えてみれば、一一宮家の臣籍降下は、占領下で行われたものであり、「新皇室典範」と同じく無効であると考えられます。ですから、旧一一宮家の臣籍降下をほんらい無効であると捉えるならば、皇籍に復活していただくこともできるはずです。この方法だと、「新皇室典範」を改正する必要はないわけです。

それから、旧一一宮家の男子が女性皇族と結婚されたとしても、「新皇室典範」では皇族になれない。旧皇室典範でも同じ考え方だったわけだけれども。これは、常識的に言って、日本の二千年の歴史からして不自然ではないですか。

杉原　確かに、あちこちから女性皇族の方に、こうした、皇統を引き継ぐ男系男子と結婚していただいて、新たに宮家を創出するという案は出ているよね。これは本質的には皇族に関わる養子の問題につながっているんだよね。旧皇室典範でも「新皇室典範」でも、皇族に関して養子を禁止している。この養子の問題については小山先生の方から説明してください。

小山　別に、養子の問題は杉原先生の方が詳しいんではないですか。でもまあ、私の方から言いましょう。

「新皇室典範」によれば、その第九条に「天皇及び皇族は、養子をすることができない」という規定があります。旧皇室典範第四二条にも「皇族ハ養子ヲ為スコトヲ得ス」とする条文があります。

どうしてこのような規定ができたかというと、養子を認めていると、特定の者を現天皇の養子にするとか、将来天皇になることがはっきりしている者の養子にするとかで、誰か有力な者が、その意向の者を将来天皇にしていくために画策することが可能となり、皇位の継承をめぐって争いが起こることを懸念したものです。

杉原　だけど、女性の皇族が、皇統の血を引く男性と結婚しても、宮家の創設ができないというのは、不自然だよね。

小山　その場合は、養子でなくて、女性皇族がその男性のところに嫁ぐという形で宮家を創設するという方法は考えられませんか。

杉原　私はね、継体天皇の例があると思うんです。

継体天皇の前の武烈天皇が皇子も皇女もないままに亡くなり、皇嗣がいなくなった。このとき、応仁天皇の五世の孫に当たる者を継体天皇として迎えた。

継体天皇は、武烈天皇の前の第二十四代仁賢天皇の皇女手白香皇女を后として、その子が継体天皇の後に、欽明天皇となり、それが今日の天皇へとつながっている。つまり、継体天皇は、入り婿的な形で皇室に入ったんだね（高森明勅『日本10大天皇』幻冬舎、二〇一一年）。

とすると、その入り婿的に皇室に来てもらった人が宮家を創設してかまわないと思う。女性皇族が嫁がれた場合は、その嫁がれた先の男性が、皇統の血を引く男性であれば、皇室の婿養子となって皇族になっていただき、そのときだけ宮家を創設することができることにする。それを女性宮家というのであれば、女性宮家と言ってもよいが、当主は婿養子の方になっていただけば、それは女性宮家と言えるのだろうか。

具体的には、養子を禁じた「新皇室典範」第九条「天皇及び皇族は、養子をすることができない」に、「ただし、皇統に属する男系の男子を養子とすることはできる」という但書を加えればよい。

小山　その延長で幼少の男系男子を皇室の養子にすることも考えられるのでは。

杉原　そう。ただ、皇位は、現在の皇族の次に来る、ということを前提にしておく必要がある。養子を迎えることによって、現皇族の皇位継承の順序が変わるというのであれば、養子の制度も、穏やかなものではなくなる。

小山 それは当然です。ただ、いろいろ考えてくると、養子制度を認めるよりも、「新皇室典範」第二条を改正して、継承資格を皇族以外にも広げる方が優れた制度改革だと思いますね。もちろん、皇族の方が継承順位は上位に来るわけですけれども。

それから、継体天皇の例が出たので思ったのですが、皇位継承の危機だ、危機だと騒いでいる人をたくさん見るけれども、継体天皇の時はもっと危機だったわけですね。でも乗り越えられたのは、傍系だろうが、皇族でなかろうが、ともかく男系男子が継承することが第一原則なのだ、というコンセンサスがあったから乗り越えられたんだと思う。

現代でも、このコンセンサスを作り上げることこそが大事なんじゃないですかね。

「新皇室典範」こそ一度無効宣言を

杉原 やはり、制度上の手を打っておく必要があるでしょうね。とすれば、いずれにせよ、このようなことを可能にするためには、皇室典範を改正しなければならない。

ところで小山先生、先生には、皇室典範改正の問題については、どうしても言っておかなければならない重要なことがあるのでしょう?

小山　あります。少し繰り返しになりますが、先ほどの話でも出てきましたが、問題は占領下で、勝手に「日本国憲法」でもって、皇室典範は法律によると規定し、そしてまたその「日本国憲法」が施行されていなかったときに、旧皇室典範上の機関である皇族会議に諮ることもなく、制定してしまった。「日本国憲法」など問題にならない程、いかがわしい経過をたどって作られたんです。

杉原　だとすれば、現行の皇室典範こそ、一度無効宣言して、旧皇室典範に復すべきだということになる。

小山　確かに、そのとおりなんだ。ただ、前に言ったように、無効宣言というと、有効なものを無効にするというニュアンスがあるんで、私は無効確認と言っています。

杉原　だけど、そんな主張、世間ではあまり聞いたことがないね。

小山　いや、少なくとも、私以外に、南出喜久治氏も「新皇室典範」無効論を唱えています（『占領憲法の正体』国書刊行会　二〇〇九年）。とは言っても、二人だけですが。「日本国憲法」無効論者だったら何人もいるけど。

しかし、「新皇室典範」無効論は、「日本国憲法」無効論よりもはるかにすっきりと成り立つんです。前に言ったように、「日本国憲法」の場合は一応、大体の所では帝国憲法の定める手続きを守って作られたわけですが、「新皇室典範」は帝国憲法や旧皇室典範の定めた手続きを全く守らずに作られたわけです。これだけで無効論が成り立ちますよね。

私の「日本国憲法」無効論は、国家の最高法はその国家自身が作らなければいけない、その国民自身が作らなければいけないという考え方から出てくるものです。

「新皇室典範」無効論も、全く同じ論理です。皇室典範は、皇室の家法というふうに基本的には考えられるわけですから、これは当然、皇室が中心に作らなければいけない。もちろん国家の最高位の話だから、国家が関与しないというわけにはいかないと思うけれども、基本的には皇室が作ってこうしたいといって、それを国家側の代表者と話し合って決めていくというものだろうと思うんですね。ところが、全く天皇も皇室も「新皇室典範」の制定に関与できなかったんです。前に皇室自治主義は大事なものだと言いましたが、皇室自治主義が完全に無視される形で、「新皇室典範」は作られたんですよ。しかも、「新皇室典範」の内容を見ても、皇室自治主義は完全に無視されていますね。

ところが、国民一般は、この成立過程について全く知らされていない。皇室自治主義は大事なものだという考え方も知らされていない。当然に、「新皇室典範」無効論の存在も知らされていない。それどころか、「新皇室典範」成立過程の研究など、ほとんど行われていないじゃないですか。何もかも目隠しされた状態で、皇室と「新皇室典範」について考えなさい、と言われているんですよ。でたらめきわまりないと思いませんか。

成立過程面でも内容面でも皇室自治主義を破壊した出鱈目な「新皇室典範」をそのままいただいてしまったら、日本はずるずると破滅していくのではないですか。この「新皇室典範」という偽皇室典範に拘束されているからこそ、皇統断絶の危機に怯えさせられているのでしょう。ですから、「新皇室典範」こそ、無効確認をすべきものであるということになるんです。

杉原 しかし現実問題として、無効宣言をし、旧皇室典範に復するというのは、無理ではないの？ やはり、法秩序として、現実というものがあるでしょう。

小山 それはできる。「新皇室典範」では、皇室のことを審議するのに皇族は二人だけで、天皇自身は臨席もできないというのは、どう見てもおかしいでしょう。「新皇室典範」成立過程の異常性と、皇室会議の異常性を言えば、旧皇室典範に復帰するのに国民は納得するのではないですか。

具体的な処理の仕方としては、詳しくは私の『「日本国憲法」・「新皇室典範」無効論』（自由社　二〇一七年）を見ていただきたいですが、「日本国憲法」と「新皇室典範」をセットで処理します。第一段階としては、両者の無効確認を行い、「日本国憲法」を国家運営のための臨時措置法として、「新皇室典範」を皇室関係の臨時皇室典範として認定しなおします。その際、独立国家の最高法としては絶対にありえない第九条第二項と前文を削除したものを、「国家運営のための臨時措置法」という名前で法律として制定します。混乱を防ぐためにも、修正点は絶対に必要な最低限に止めます。

同様に「新皇室典範」にも最低限の修正を施して、臨時皇室典範を法律として制定します。最低限の修正というのは皇室会議関係ですね。これだけは変えたい。過渡期としても、今の制度の皇室会議でやるというのがとても危険なことです。日本の歴史のことも皇室のこともよく分からない政治家たちが、皇室の在り方を破壊していくかもしれません。

ですから、「新皇室典範」のうち、皇室会議の組織について定めた第二八条から第三二条までを修正したものを、臨時皇室典範として制定するのです。皇室会議の組織ですが、最低限五割以上を皇族議員とすることが必要です。また、天皇が親臨できるようにすべきです。できるだけ、皇室自治主義の精神を活かせるような組織に、皇室会議を組み替えたいということです。そして、先に言ってしまえば、この新しい皇室会議に、皇室に関する制度設計と皇室典範改正問題を考えてもらうのです。

次いで第二段階として、上記二つの臨時法を、五年から十年ほど運用します。その間に、日本の歴史と国家論の学習を行いながら、本格的にきちんと憲法と皇室典範を作り直す。その場合、帝国憲法の改正という形で新憲法を作りますし、旧皇室典範の改正という形で本当の新皇室典範を作ります。あくまでもう一度帝国憲法と旧皇室典範を改正したんだという形式を踏む。それで、ようやく、憲法と皇室典範という国家の最高法の正統性が取り戻せるんです。

それで、先ほどの皇族以外の男系男子にも継承資格を拡大することとか、皇統に属する男系男子の養子制度とかは、旧皇室典範の改正という形でつくられる本当の新皇室典範に規定すればよいと考えています。

杉原　そんな風に考えているんですか。

小山　ややこしいかもしれませんが、こういう手続きを履まないと、憲法と皇室典範の正統性は取り戻せないし、まともな憲法も皇室典範もできないと考えているんです。

占領軍も旧皇室典範の根幹の部分を壊さなかったことをどう考えるか

杉原　最後に、この問題ある皇室典範の中身について語り合いましょう。

私は中身として言う時には、第一条において、「皇位は、皇統に属する男系の男子が、これを継承する」となっている、ということについて言わなければならない。旧皇室典範でも第一条で、「大日本国皇位ハ祖宗ノ皇統ニシテ男系ノ男子之ヲ継承ス」となっていた。その限りで、新皇室典範は旧皇室典範の根幹となるところは、そのまま継承したことになる。

小山　いや、否定的な面から言うと、旧皇室典範にはもう一つの根幹がありそれが無視されています。それはつまり、皇室自治主義です。これは完全につぶされていますよ。

杉原　確かに占領軍は、日本の皇室を弱めるために、旧宮家の皇籍離脱など悪しきことをしている。皇室典範を皇室の家法とせず、国民が法律によって定めるものとするなど、許しがたい振る舞いはいくらでもある。

しかし、私は占領軍は、文化的で人道的であったと思うときがある。皇室につき、天皇につき、父方の系統に天皇を持つ男系の男子によって皇位は継承されるという最も根幹のところはそのまま認めた。

やはり、そこは文化的で人道的なところがあったと言ってよいと思う。もっとも、天皇制や、皇室典範のそこを侮辱すれば、日本国民がどれほど怒り、占領が難しくなるかを知った上でのものだけれどね。それだけ日本国民を恐れていたというか、敬意をもっていたことになる。そのところも含めて、新皇室典範も、根幹の部分は実質的に何ら問題なく継承できたのだと思う。

問題はそれ以後の日本国民だよ。「法律」という形式になっていることはいっそう、日本国民の心構えの問題だということになる。占領解除後に、より適正に改正すればよかった。あるいは小山先生が言うように、新皇室典範の無効宣言をすべきだった。

小山　そう。少なくとも、「法律」という形式は、最終的には改めなければならない。基本的には、旧皇室典範と同じく、国会の関与を完全に排除して改正できるものにすべきだ。そのためにも、今、杉原先生が言われたように、「新皇室典範」無効確認が必要だ。

もっとも、「法律」という形式は採るべきではないけれども、「日本国憲法」成立過程で、日本側がＧＨＱ案を修正して作っていた「日本国憲法」初案で示されていた形でもよいのかな、とも思います。初案の第百六条では、「皇室典範の改正は天皇……議案を国会に提出し法律案と同一の規定に依り其の議決を経べし」と規定していたんです。つまり、天皇が皇室典範を作成して、その改正に国会の同意を得るという形ですね。ただし、この第二の方法を採るとしても、「新皇室典範」無効確認が必要ですが…。

悠仁親王に帝王学を

杉原　皇室典範について、結論は出ましたね。

そこで、最後に、もう一言言っておきたいことがある。

小山　いや、結論は出ていないですよ。皇室自治主義が大事だと言い続けましたが、皇室典範については、何しろ、憲法よりも情報が少なくて、もっと研究しなければならないと思っています。

それで、杉原先生が最後に付け足すというのは、悠仁親王の帝王学の問題でしょう？　杉原先生がしきりに言っている。

杉原　そうです。旧宮家の皇籍復帰についても、これに難色を示す人は、戦後七十年、世俗の生活をされた方々に急に皇族に戻ってきてもらうのは難しかろう、という問題だけれど、これについて、問題があると懸念するとすれば、いっそう幼少期からの養子は考慮すべきことのように思う。

まさか、第三章で触れた私の子供の例のように、家庭裁判所に行って、高校生くらいになって、本人の意志が確かめられるようになってから決定するというような問題ではないでしょう。男系で皇位を嗣ぐ者が少ないというのであれば、皇統の血を引く男系の男子で幼少のときに皇族のどこかの養子になってもらう、ということは大いにあってよいでしょう。

ただし、皇位は、現皇族の皇位の後にくるものであることを前提としていなければならない。

そのことを前提として、幼少のとき、どこかの宮家の養子となることは、大いにあってよいでしょう。

そうすれば、皇族にふさわしくお育ちになることは分り切っているでしょう。

小山　それで、悠仁親王のことは？

杉原　悠仁親王について言いたいのは、やはり将来天皇になることが決まっている親王ですから、帝王学をお受けになることが必要です。しかし、皇室問題に関心のある人たちにおいて、悠仁親王が帝王学を受けられるべきであるとか、悠仁親王への帝王学はどうあるべきだというような議論はあまり聞かない。しかしやはり、日本ほど歴史のある一国の君主として、天皇になる人は、それなりに帝王学を受けられる必要がある。

天皇制は、天皇を始めとする皇室と国民とが、共に努力して作り上げていくものです。だとすると、悠仁親王も天皇になるについて、それなりの特別な教育を受けられるべきだ。そしてあるべき天皇になっていただくのだ。もちろん畏れ多くも自由意志の天皇として。

小山　そうですね。ありがとうございました。

今日は、改めていろいろ考えることができ、大変興味深い対談ができました。

杉原　こちらこそ、勉強になりました。

あとがき

小山常実氏と私は、中学校公民教科書の制作に関わるようになるはるか以前より、憲法や皇室典範の問題について考えてきていた。平成二十四年度から使用を開始して今日に至っている『新しい公民教科書』（自由社）の制作には平成十九年から取りかかったが、その過程を経て、憲法や皇室典範の問題が法的にいかに杜撰に取り扱われているか、を知った。

現行憲法は第八九条で、「公金その他の公の財産は、宗教上の組織若しくは団体の使用、便益若しくは維持のため、……支出し、又はその利用に供してはならない」とあるが、これを文字どおり解釈し適用すると、地域で行う神社の神輿を担いで公道を練り歩く祭礼は執り行えない。公道は明らかに公の財産であるからだ。しかし現実には全国津々浦々、神社のこのような祭礼は執り行われている。そこで憲法の解釈はどうなっているのかと、戦後の憲法解釈の大筋を作ったといってもよい日本国憲法成立当時の東京帝国大学法学部教授宮澤俊義の憲法解釈書を見てみた。そうすると第八九条の逐条解説でこの問題については何も書いていないのだ。

第八九条からして、神社の祭礼は境内でしかできないのだと言えば、あまりにも問題が大きくなる。しかし条文の上では、公道に神輿を繰り出すような神社の祭礼は憲法違反と考えざるをえない。宮澤は答えに窮して説明できないので、この問題は何も気が付かない振りをして、何も言わなかったのだ。ということは、宮澤の憲法学はいかにでたらめにできているかということだ。

もう一つ言おう。平成二十六年、安倍晋三総理の努力で閣議決定をし、政府の公式解釈として日本は集団的自衛権を保有し同時に部分的に行使しうるという公権解釈を打ち立てた。しかしそれまでは、集団的自衛権に関しては、日本は保有するけれども行使はできないというのを公式解釈としていた。ならば、日米安保条約はどうして結べるのか。日本が占領を解除されて完全主権を回復するとき、すなわち昭和二十六年九月、サンフランシスコで締結した「日本国とアメリカ合衆国との間の安全保障条約」、いわゆる日米安保条約では、その前文で「平和条約は、日本国が主権国として集団的安全保障取極を締結する権利を有することを承認し、さらに、国際連合憲章は、すべての国が個別的及び集団的自衛の固有の権利を有することを承認している」とし、そしてさらに「これらの権利の行使」として安保条約を結ぶとしている。にもかかわらず、どうしてこれまでのような、集団的自衛権は保有するけれども行使はできないというような解釈が可能であったのか。

さらに言おう。天皇が国家の「元首」であるということは、日本国憲法を押し付けたマッカーサー自身が認めていた。マッカーサーは、アメリカ側で原案を作成するに当たって三原則を示したが、その一つは、天皇は「元首」であるということであった。なるほど実際に押し付けられた日本国憲法では「元首」という言葉は直接にはなかったものの、「象徴」として「元首」の行為に相当する国事行為をなすことになっている。とすれば、天皇は日本国の「元首」であるという解釈は十分に成り立つのだ。にもかかわらず、現在の中学校の公民教科書では、「元首である」と書けないのはもちろん、「元首と解釈できる」とも書くことが許されないのだ。つまりは、現在の日本の社会に行き渡っている憲法解釈は、宗教の問題にしろ、安全保障の問題にしろ、天皇の問題にしろ、この憲法を押し付けた占領軍が予定していた解釈よりも明らかに劣悪な解釈をしているのだ。

要するに、敗戦によって、そして憲法も押し付けられることによって、政府の公権解釈も含めて憲法学が憲法学として成り立っていないのだ。まさに敗戦国家の占領軍を過剰に恐れた憲法学のままに終わっているのだ。そしてそれがさらに劣悪化して公民教育に流され、その劣悪化した憲法学の思想を国民に強要しているのだ。

現在出回っている中学校の公民教科書で「公共の精神」を記述している教科書は我々の制作している自由社の公民教科書と、育鵬社の教科書しかない。その他はすべて、公民教科書でありながら、「公共の精神」についていっさい記述していない。ということは公民教科書が、公民教育のための教科書として本来の役割をはたしていないのだ。というわけで、我々二人は、公民教科書を制作した立場から、今日の憲法学、そして今話題となっている皇室典範の問題について忌憚なく話し合い、疑問を呈した。二人は同一の公民教科書の代表執筆者を務めながら、ずいぶんと見解を異にし、厳しい議論の展開となった。これまで、少しでも憲法や皇室典範について論じたことのある人は、我々二人の見解の違いに接し、新しい問題点を見つけ、憲法や皇室典範の議論をあるべき方向に向けて深めていってほしい。

平成二十九年八月

杉原誠四郎

【著者紹介】

杉原誠四郎（すぎはら　せいしろう）

昭和16年　広島県広島市生まれ

昭和42年　東京大学大学院教育学研究科修士

元城西大学教授

専攻　教育学、歴史学、法学

主要著書・論文

『教育基本法―その制定過程と解釈』協同出版、1972年

『法学の基礎理論―その法治主義構造』協同出版、1973年

『日本の神道・仏教と政教分離―そして宗教教育』文化書房博文社、1992年

『日米開戦以降の日本外交の研究』亜紀書房、1997年

『杉原千畝と日本の外務省-杉原千畝はなぜ外務省を追われたか』大正出版、1999年

『新教育基本法の意義と本質』自由社、2011年

「オバマ大統領広島訪問の歴史的意義－アメリカは原爆の呪縛から解かれた」(史実を世界に発信する会)2016年

「北朝鮮非核化に向けての新戦略－アメリカの日本占領経験の教訓に学ぶ」(史実を世界に発信する会)2017年

小山常実（こやま　つねみ）

昭和24年　石川県金沢市生まれ

昭和53年　京都大学大学院教育学研究科博士課程単位取得

大月短期大学名誉教授、憲法学会会員

専攻　日本教育史、日本憲法史、日本政治思想史

主な著書・論文

『天皇機関説と国民教育』アカデミア出版会、1989年

『戦後教育と「日本国憲法」』日本図書センター、1992年

『「日本国憲法」無効論』草思社、2002年

『憲法無効論とは何か』展転社、2006年

『安倍談話と歴史・公民教科書』自由社、2016年

『「日本国憲法」・「新皇室典範」無効論』自由社、2016年

『自衛戦力と交戦権を肯定せよ』自由社、2017年

「北一輝と美濃部達吉の国家思想」(『季刊日本思想史』15号)、1980年

ブログ名　「日本国憲法」、公民教科書、歴史教科書

URL　http://tamatsunemi.at.webry.info/

憲法及び皇室典範論

日本の危機は「憲法学」が作った
二人の公民教科書代表執筆者が熱く語る

平成29年12月23日　初版発行

著　　者　杉原誠四郎　小山常実
発 行 所　株式会社 自由社
〒112-0005 東京都文京区水道２－６－３
TEL 03-5981-9170　FAX 03-5981-9171
発 行 者　植田剛彦
装　　丁　有限会社ライムライト
印　　刷　シナノ印刷株式会社

ISBN 978-4-908979-08-8　C0032
URL　http://www.jiyuusha.jp/　Email　jiyuuhennsyuu@goo.jp